COLLINS
TRAVEL
GEM

GREEK

D I C T I O N A R Y

GW00359608

COLLINS
TRAVEL
GEM

GREEK

DICTIONARY

COLLINS
London and Glasgow

First published 1987

Consultant
Niki Watts

ISBN 0 00 459439-8

Other Travel Gem
Dictionaries:

French

German

Spanish

Italian

Portuguese

Yugoslav

Your TRAVEL GEM DICTIONARY will prove an invaluable companion on your holiday or trip abroad. In a genuinely handy pocket or handbag format, this two-way practical dictionary has a double aim. First, it is your key to understanding the foreign words and phrases you are likely to encounter when travelling in mainland Greece or any of her islands. Second, it contains an essential English wordpack with translations and pronunciations.

Understanding foreign signs and notices

With over 3000 Greek words and phrases selected for their relevance to the needs of the traveller, your Travel Gem provides essential help towards understanding the basic vocabulary of Greek, and all those important notices, traffic signs, menus and other mystifying items surrounding you on your trip abroad. To help you look words up, we've given the Greek alphabet on every page.

Beyond survival communication

In addition, a practical English wordlist of over 3000 items with Greek translations and clear pronunciations allows you to venture beyond basic communication and provides the ideal complement to your Travel Gem Phrase Book, also in this series.

Enjoy your trip!

Notes to help you

In Greek, nouns can be *masculine*, *feminine* or *neuter*, and the word for "the" changes according to gender — with masculine nouns it's **o**, with feminine nouns **η** and **το** for neuter. We've given plurals on both sides of the dictionary where these may be useful to you — they are used with **οι, οι** and **τα**. Similarly, we've shown adjective endings. These are usually **ος** for masculine, **η** for feminine and **o** for neuter: thus, the entry **καλός/η/o** shows that **καλός, καλή** and **καλό** all mean "good". Nouns and adjectives can change their endings according to their position in a sentence, but you are unlikely to be misunderstood if you use the basic form.

Pronunciation Guide (1)

In the pronunciation system used in this book, Greek sounds are represented by spellings of the nearest possible sounds in English. Hence, when you read out the pronunciation — the phrase in *italics* after the English phrase or word — sound the letters as if you were reading an English word. The syllable to be stressed is shown in ***heavy italics***. The following notes should help you:

	REMARKS	EXAMPLE	PRONOUNCED
gh	like a rough g	γάλα	ghala
dh	like *th* in *this*	δάχτυλος	***dhak***-teelos
th	like *th* in *thin*	θέατρο	***the***-atro
ks	like *x* in *fox*	ξένος	ksenos
r	slightly trilled r	ρόδα	rodha
kh	like *ch* in *loch*	χάνω	khano
or	like a rough *h*	χέρι	kheree
ps	like *ps* in *lapse*	ψάρι	psaree

Greek spelling is very regular and if you can master the alphabet you may find yourself reading straight from the translations. The alphabet is as follows:

GREEK LETTER	CLOSEST ENGLISH SOUND	SHOWN BY	EXAMPLE	
A, α	h*a*nd	a	άνθρωπος	***an***-thropos
B, β	*v*ine	v	βούτυρο	***voo***-teero
Γ, γ	*see above*	gh	γάλα	ghala
	or *y*es	y	για	ya
Δ, δ	*th*is	dh	δάχτυλος	***dhak***-teelos
E, ε	m*e*t	e	έτοιμος	***e***-teemos
Z, ζ	*z*one	z	ζώνη	zonee
H, η	m*ee*t	ee	ήλιος	***ee***-leeos
Θ, θ	*th*in	th	θέατρο	***the***-atro
I, ι	m*ee*t	ee	ίππος	eepos
K, κ	*k*ey	k	και	ke

GREEK LETTER	CLOSEST ENGLISH SOUND	SHOWN BY	EXAMPLE	
Λ, λ	*l*og	l	λάδι	*ladhee*
Μ, μ	*m*at	m	μάτι	*matee*
Ν, ν	*n*ot	n	νύχτα	*neekh-ta*
Ξ, ξ	ro*ck*s	ks	ξένος	*ksenos*
Ο, ο	c*o*t	o	όχι	*okhee*
Π, π	*p*at	p	πόλη	*polee*
Ρ, ϱ	ca*rr*ot	r	ρόδα	*rodha*
Σ, σ	*s*at	s	σήμα	*seema*
Τ, τ	*t*op	t	τράπεζα	***tra**-peza*
Υ, υ	m*ee*t	ee	ύπνος	*eepnos*
Φ, φ	*f*at	f	φούστα	*foosta*
Χ, χ	see above	kh	χάνω	*khano*
		kh	χέρι	*kheree*
Ψ, ψ	la*ps*e	ps	ψάρι	*psaree*
Ω, ω	c*o*t	o	ώρα	*ora*

There are a few combinations of letters which you might find tricky:

αι	m*e*t	e	γυναίχα	*ghee-**ne**ka*
αυ	caf*é*	af	αυτό	*af**to***
	or ha*v*e	av	αύριο	***av**-reeo*
γγ	a*ng*le	ng	Αγγλία	*an**glee**-a*
γχ	*g*et	g	γχάζι	*gazee*
μπ	*b*ag	b	μπλούζα	*blooza*
οι	m*ee*t	ee	πλοίο	*plee-o*
ου	m*oo*n	oo	ούζο	*oozo*

You will notice from the phrases that Greek questions end with a semi-colon, not a question mark.

GREEK-ENGLISH

A

αβάσιμος/η/ο groundless
άβαφος/η/ο unpainted
αβέβαιος/η/ο uncertain
αβεβαίωτος/η/ο unconfirmed
αβλαβής/ής/ες harmless
αβοήθητος/η/ο unassisted
αγαθά (τα) riches
άγαλμα (το) statue
αγάπη (η) love
αγαπώ to love
αγγείο (το) vessel, urn
αγγειοπλαστική (η) pottery
αγγελία (η) announcement
άγγελος (ο) angel
αγγίζω to touch
Αγγλία (η) England
Αγγλικός/η/ο English (thing)
Άγγλος/ίδα (ο/η)
  Englishman/-woman
αγγούρι (το) cucumber
αγγουροντομάτα (η) cucumber and
  tomato salad
αγελάδα (η) cow
αγένεια (η) discourtesy
αγέννητος/η/ο unborn
αγέραστος/η/ο youthful

A	α	A
B	β	V
Γ	γ	G
Δ	δ	D
E	ε	E
Z	ζ	Z
H	η	I
Θ	θ	Th
I	ι	I
K	κ	K
Λ	λ	L
M	μ	M
N	ν	N
Ξ	ξ	X
O	ο	O
Π	π	P
P	ϱ	R
Σ	σ,ς	S
T	τ	T
Y	υ	I
Φ	φ	F
X	χ	H
Ψ	ψ	Ps
Ω	ω	O

αγιάτρευτος/η/ο incurable	Α α	A
άγιος/α/ο holy; saint	Β β	V
Άγιον Όρος (το) the Holy Mountain	Γ γ	G
αγκάλιασμα (το) hug		
αγκινάρα (η) artichoke	Δ δ	D
αγκίστρι (το) fishing hook	Ε ε	E
άγκυρα (η) anchor		
αγκώνας (ο) elbow	Ζ ζ	Z
αγνότητα (η) purity	Η η	I
άγνοια (η) ignorance		
αγνώριστος/η/ο unrecognisable	Θ θ	Th
άγνωστος/η/ο unknown		
αγορά (η) agora, market	Ι ι	I
αγοράζω to buy	Κ κ	K
αγορανομικός έλεγχος price control		
αγοραστής (ο) buyer	Λ λ	L
αγόρι young boy	Μ μ	M
αγράμματος/η/ο illiterate		
άγριος/α/ο wild	Ν ν	N
αγρόκτημα (το) farm		
αγρός (ο) field	Ξ ξ	X
αγρότης (ο) peasant	Ο ο	O
αγώνας (ο) struggle		
αγωνία (η) anguish	Π π	P
άδεια (η) permit, licence ‖ άδεια	Ρ ρ	R
οδηγήσεως driving licence ‖ άδεια		
φωτογραφήσεως permit to take	Σ σ,ς	S
photographs		
αδειάζω to empty	Τ τ	T
άδειος/α/ο empty	Υ υ	I
αδελφή (η) sister		
αδελφός (ο) brother	Φ φ	F
αδέξιος/α/ο clumsy	Χ χ	H
αδέσμευτος/η/ο uncommitted,	Ψ ψ	Ps
non-aligned		
Άδης (ο) Hades	Ω ω	O

Greek word	Translation			
αδιάβατος/η/ο impassable	A	α	A
αδιάβροχο (το) raincoat	B	β	V
αδιαθεσία (η) indisposition	Γ	γ	G
αδιάκοπος/η/ο constant	Δ	δ	D
αδιακρισία (η) indiscretion	E	ε	E
αδιαντροπιά (η) impudence	Z	ζ	Z
αδιαφανής/ης/ες opaque	H	η	I
αδιαφορία (η) indifference	Θ	θ	Th
αδιέξοδος (ο) cul-de-sac; no through road	I	ι	I
άδικα unfairly	K	κ	K
αδίκημα (το) offence	Λ	λ	L
αδικία (η) injustice	M	μ	M
αδίστακτα without hesitation	N	ν	N
αδυναμία (η) weakness	Ξ	ξ	X
αδυνατίζω to slim	O	ο	O
αέρας (ο) wind	Π	π	P
αερογραμμές (οι) airways ‖ Βρεττανικές Αερογραμμές British Airways ‖ Ολυμπιακές Αερογραμμές Olympic Airways	P	ϱ	R
αεροδρόμιο (το), αερολιμένας, αερολιμήν (ο) airport	Σ	σ,ς	S
αεροπλάνο (το) aeroplane	T	τ	T
αεροπορία (η) air force	Y	υ	I
αεροπορικό εισητήριο (το) air ticket	Φ	φ	F
αεροπορική αλληλογραφία (η) air mail	X	χ	H
αεροπορικώς by air	Ψ	ψ	Ps
αεροσκάφος (το) aircraft	Ω	ω	O
αετός (ο) eagle			
αζήτητος/η/ο unclaimed			
αηδία (η) disgust			
αηδόνι (το) nightingale			
αθεράπευτος/η/ο incurable			
Αθήνα (η) Athens			
αθλητής/αθλήτρια athlete			

αθλητικό κέντρο sports centre	Α α	A
αθλητισμός (ο) sports	Β β	V
άθλιος/α/ο miserable	Γ γ	G
αθόρυβα quietly	Δ δ	D
αθώος/α/ο innocent		
Άθως Athos, the Holy Mountain	Ε ε	E
Αιγαίο (το) the Aegean Sea		
Αίγινα (η) Aegina	Ζ ζ	Z
αίθουσα (η) room ‖ αίθουσα	Η η	I
αναμονής waiting room ‖ αίθουσα		
αναχωρήσεων departure lounge	Θ θ	Th
αίμα (το) blood	Ι ι	I
αίνιγμα (το) riddle		
αίσθημα (το) feeling	Κ κ	K
αισιοδοξία (η) optimism		
αίτημα (το) demand	Λ λ	L
αίτηση (η) application		
αιτία (η) reason, cause	Μ μ	M
αίτιος/ος/ο responsible for	Ν ν	N
αιχμάλωτος (ο) captive		
αιώνας (ο) century	Ξ ξ	X
ακαδημαϊκός (ο) academic	Ο ο	O
ακάθαρτος/η/ο dirty		
ακαθόριστος/η/ο undefined	Π π	P
ακάλεστος/η/ο uninvited		
ακαλλιέργητος/η/ο uncultivated	Ρ ρ	R
ακατάδεκτος/ος/ο snobbish	Σ σ,ς	S
ακουστικά (τα) earphones ‖ ακουστικά		
βαρυκοΐας hearing aids	Τ τ	T
ακουστικό (το) receiver (*telephone*)	Υ υ	I
ακούω to hear		
άκρη (η) edge	Φ φ	F
Ακρόπολη/ις (η) the Acropolis	Χ χ	H
ακτή (η) beach, shore	Ψ ψ	Ps
ακτινογραφία (η) X-ray		
ακτινολόγος (ο/η) X-ray specialist	Ω ω	O

ακυρώνω to cancel
αλάτι (το) salt
αλέθω to grind
αλεύρι (το) flour
αλήθεια (η) truth
αλιεία (η) fishing || είδη αλιείας fishing tackle
αλκοολικός/η/ο alcoholic
αλλά but
αλλαγή (η) change || δεν γίνονται αλλαγές goods cannot be exchanged || δεν αλλάζονται goods will not be exchanged
αλληλογραφία (η) correspondence
αλληλογραφώ to correspond
αλλοδαπός/η foreign national || αστυνομία αλλοδαπών aliens' police
άλλος/η/ο other; next
άλλοτε formerly
αλλού elsewhere
αλμυρός/η/ο salty
άλογο (το) horse
αλτ! stop!
αλυσίδα (η) chain
αμάξωμα (το) body *(of car)*
αμαρτία (η) sin
αμαρτωλός/η/ο sinful; sinner
άμβλωση (η) abortion
άμβωνας (ο) pulpit
αμελής/ης/ες negligent
Αμερικάνικος/η/ο American *(thing)*
Αμερικανός/ιδα American *(man/ woman)*
Αμερική (η) America
αμέσως at once

Α	α	A
Β	β	V
Γ	γ	G
Δ	δ	D
Ε	ε	E
Ζ	ζ	Z
Η	η	I
Θ	θ	Th
Ι	ι	I
Κ	κ	K
Λ	λ	L
Μ	μ	M
Ν	ν	N
Ξ	ξ	X
Ο	ο	O
Π	π	P
Ρ	ϱ	R
Σ	σ, ς	S
Τ	τ	T
Υ	υ	I
Φ	φ	F
Χ	χ	H
Ψ	ψ	Ps
Ω	ω	O

αμήν amen	Α α	A
αμηχανία (η) embarrassment	Β β	V
αμίαντος (ο) asbestos	Γ γ	G
αμίλητος/η/ο silent	Δ δ	D
άμιλλα (η) competition		
άμμος (η) sand	Ε ε	E
αμμουδιά (η) sandy beach	Ζ ζ	Z
αμοιβή (η) reward		
αμόρφωτος/η/ο uneducated	Η η	I
αμπέλι (το) vineyard; vine		
αμυγδαλιά (η) almond tree	Θ θ	Th
αμύγδαλο (το) almond	Ι ι	I
άμυνα (η) defence		
αμφιβάλλω to doubt	Κ κ	K
αμφιθέατρο (το) amphitheatre	Λ λ	L
αμφορέας (ο) jar		
αν if	Μ μ	M
αναβάλλω to postpone	Ν ν	N
αναβολή (η) delay		
ανάβω to switch on	Ξ ξ	X
αναγγελία (η) announcement	Ο ο	O
αναγέννηση (η) renaissance		
αναγκάζω to compel	Π π	P
ανάγλυφο (το) relief sculpture		
αναγνωρίζω to recognise	Ρ ρ	R
ανάγνωση (η) reading		
αναζήτηση (η) search ‖ αναζήτηση	Σ σ,ς	S
αποσκευών left luggage		
αναθεώρηση (η) revision	Τ τ	T
αναίδεια (η) impudence		
αναιμία (η) anaemia	Υ υ	I
ανακαλύπτω to discover	Φ φ	F
ανακαλώ to revoke		
ανακήρυξη (η) declaration	Χ χ	H
ανακοινώνω to announce	Ψ ψ	Ps
ανάκριση (η) interrogation	Ω ω	O

Greek		Latin

ανάκτορα (τα) palace

ανακωχή (η) truce

αναλαμβάνω to undertake

ανάλυση (η) analysis

αναμένω to wait

ανάμεσα between, among

ανάμνηση (η) memory, recollection

αναμονή (η) waiting ‖ αίθουσα αναμονής waiting room

ανανάς (ο) pineapple

ανανεώνω to renew

ανάξιος/α/ο unworthy

αναπαύομαι to rest

ανάπηρος/η/ο handicapped, disabled

αναπληρώνω to replace

αναπνέω to breathe

αναπνοή (η) breath

αναποφάσιστος/η/ο irresolute

αναπόφευκτος/η/ο inevitable, unavoidable

αναπτήρας (ο) cigarette lighter

αναπτυγμένος/η/ο developed

ανάρρωση (η) convalescence

αναρωτιέμαι to wonder

ανάσα (η) breath

ανασκαφή (η) excavation

αναστεναγμός (ο) sigh

ανάστημα (το) stature, height

ανατινάζω to blow up

ανατολή (η) east

ανατολικός/η/ο eastern

ανατομία (η) anatomy

ανατρέπω to overthrow

ανατροφή (η) upbringing

αναφέρω to mention

Α	α	A
Β	β	V
Γ	γ	G
Δ	δ	D
Ε	ε	E
Ζ	ζ	Z
Η	η	I
Θ	θ	Th
Ι	ι	I
Κ	κ	K
Λ	λ	L
Μ	μ	M
Ν	ν	N
Ξ	ξ	X
Ο	ο	O
Π	π	P
Ρ	ρ	R
Σ	σ, ς	S
Τ	τ	T
Υ	υ	I
Φ	φ	F
Χ	χ	H
Ψ	ψ	Ps
Ω	ω	O

αναχώρηση (η) departure ‖
  αναχωρήσεις departures ‖ αίθουσα
  αναχωρήσεων departure lounge
αναψυκτήριο (το) refreshments
αναψυκτικό (το) soft drink
αναψυχή (η) recreation
άνδρας (ο) man
ανδρική μόδα men's fashions
ανδρών Men *(toilets)*
ανεβαίνω to go up
ανελκυστήρας (ο) lift, elevator
ανεμιστήρας (ο) fan
άνεμος (ο) wind
ανεξαρτησία (η) independence
ανεξήγητος/η/ο inexplicable
ανεπίσημα unofficially
ανεργία (η) unemployment
άνετος/η/ο comfortable
ανεψιά (η) niece
ανεψιός (ο) nephew
ανήκω to belong
ανήλικος/η/ο under age
άνθη (τα) flowers
ανθοπωλείο (το) florist's
άνθρωπος (ο) man, human being, person
άνκαι although
ανοίγω to open
ανοιχτός/η/ο open
άνοιξη (η) spring *(season)*
ανομβρία (η) drought
ανοξείδωτος/η/ο stainless
ανταλλαγή (η) exchange
ανταλλακτικά (τα) spare parts ‖ γνήσια
  ανταλλακτικά genuine spare parts
αντί instead of
αντιβιωτικά (τα) antibiotics

Α	α	A
Β	β	V
Γ	γ	G
Δ	δ	D
Ε	ε	E
Ζ	ζ	Z
Η	η	I
Θ	θ	Th
Ι	ι	I
Κ	κ	K
Λ	λ	L
Μ	μ	M
Ν	ν	N
Ξ	ξ	X
Ο	ο	O
Π	π	P
Ρ	ρ	R
Σ	σ, ς	S
Τ	τ	T
Υ	υ	I
Φ	φ	F
Χ	χ	H
Ψ	ψ	Ps
Ω	ω	O

αντίγραφο (το) copy, reproduction
αντίκες (οι) antiques
αντικλεπτικά (τα) antitheft devices
αντίκρυ opposite
αντικρύζω to face
αντίο goodbye
αντιπάθεια (η) dislike
αντίπαλος (ο) adversary
αντιπηκτικό (το) antifreeze
αντίποινα (τα) reprisals
αντιπρόσωπος (ο) representative
αντλία (η) pump ‖ αντλία βενζίνης
petrol pump
αντρόγυνο (το) couple
ανυπομονησία (η) impatience
ανύποπτος/η/ο unsuspecting
ανώμαλος/η/ο uneven ‖
ανωμαλία οδοστρώματος bad *or*
uneven road surface
ανώνυμα anonymously
αξεσουάρ (τα) accessories ‖ αξεσουάρ
αυτοκινήτων car accessories
αξία (η) value ‖ αξία διαδρομής fare
αξιοθέατα (τα) the sights
αξιοπρέπεια (η) dignity
άξονας (ο) axle
απαγορεύω to forbid ‖ απαγορεύεται
η αναμονή No waiting ‖ απαγορεύεται
η διάβαση Keep off ‖ απαγορεύεται
η είσοδος No entry ‖ απαγορεύεται
το κάπνισμα No smoking
‖ απαγορεύεται το προσπέρασμα
No overtaking ‖ απαγορεύεται
η στάθμευση No parking ‖
απαγορεύεται η τοιχοκόλληση No
posters, Post no bills ‖ απαγορεύεται

Α	α	A
Β	β	V
Γ	γ	G
Δ	δ	D
Ε	ε	E
Ζ	ζ	Z
Η	η	I
Θ	θ	Th
Ι	ι	I
Κ	κ	K
Λ	λ	L
Μ	μ	M
Ν	ν	N
Ξ	ξ	X
Ο	ο	O
Π	π	P
Ρ	ρ	R
Σ	σ,ς	S
Τ	τ	T
Υ	υ	I
Φ	φ	F
Χ	χ	H
Ψ	ψ	Ps
Ω	ω	O

η τοποθέτηση σκουπιδιών No dumping *(of rubbish)* ‖ απαγορεύονται τα σκυλιά No dogs	A α	A
απαγορευτική ένδειξη No smoking; No parking	B β	V
	Γ γ	G
απαίτηση (η) claim	Δ δ	D
απαλλαγή ευθύνης collision damage waiver *(insurance)*	E ε	E
απάντηση (η) reply	Z ζ	Z
απαντώ to reply	H η	I
απέναντι opposite	Θ θ	Th
απεργία (η) strike	I ι	I
από from		
απογείωση (η) takeoff	K κ	K
απόγευμα (το) afternoon		
απόδειξη (η) receipt	Λ λ	L
αποθήκη (η) warehouse	M μ	M
αποκλειστικός / η / ο exclusive ‖ αποκλειστικός αντιπρόσωπος sole representative	N ν	N
απόκριες (οι) carnival	Ξ ξ	X
απομνημονεύματα (τα) memoirs	O ο	O
απομονώνω to isolate		
αποσκευές (οι) luggage ‖ αναζήτηση αποσκευών left luggage	Π π	P
απόστημα (το) abscess	P ϱ	R
αποτέλεσμα (το) result	Σ σ, ς	S
απόφαση (η) decision	T τ	T
απόχη (η) fishing / butterfly net		
απόψε tonight	Y υ	I
Απρίλιος (ο) April	Φ φ	F
Αργολίδα (η) Argolis		
αργότερα later	X χ	H
Άρειος Πάγος Supreme Court		
αρέσω to please ‖ μου αρέσει I like	Ψ ψ	Ps
αριθμός (ο) number ‖ αριθμός	Ω ω	O

διαβατηρίου passport number ‖
αριθμός πτήσεως flight number
αριστερά left (*side*)
άρνηση (η) refusal
αρνί (το) lamb
αρραβώνες (οι) engagement (*to be married*)
αρρώστια (η) illness
άρρωστος/η/ο ill ‖ άρρωστος/η patient
αρτοποιία (η) bakery
αρχαιολογικός χώρος archaeological site
αρχαιολόγος (ο/η) archaeologist
αρχαίος/α/ο ancient
αρχή (η) beginning; authority
αρχιεπισκοπή (η) archbishopric
αρχιεπίσκοπος (ο) archbishop
αρχίζω to begin
άρωμα (το) perfume
ασανσέρ (το) lift, elevator
ασήμι (το) silver
ασημικά (τα) silverware
ασθενής (ο/η) patient
άσθμα (το) asthma
άσκοπος/η/ο improper; lacking in purpose ‖ άσκοπη χρήση improper use
ασπίδα (η) shield
ασπιρίνη (η) aspirin
άσπρος/η/ο white
αστακός (ο) lobster
αστικός νομισματοδέκτης coin-operated telephone for local calls
άστρο (το) star
αστυνομία (η) police ‖ αστυνομία αλλοδαπών aliens' police
αστυνομική διάταξη police notice

Α	α	A
Β	β	V
Γ	γ	G
Δ	δ	D
Ε	ε	E
Ζ	ζ	Z
Η	η	I
Θ	θ	Th
Ι	ι	I
Κ	κ	K
Λ	λ	L
Μ	μ	M
Ν	ν	N
Ξ	ξ	X
Ο	ο	O
Π	π	P
Ρ	ρ	R
Σ	σ,ς	S
Τ	τ	T
Υ	υ	I
Φ	φ	F
Χ	χ	H
Ψ	ψ	Ps
Ω	ω	O

αστυνομικός σταθμός police station

αστυφύλακας (o) town policeman

ασφάλεια (η) insurance; fuse || ασφάλεια έναντι κλοπής insurance against theft || ασφάλεια έναντι πυρκαϊάς insurance against fire || ασφάλεια έναντι τρίτων third party insurance || ασφάλεια ζωής life insurance

ασφάλιση (η) insurance || κοινωνικές ασφαλίσεις national insurance || ασφάλιση οδηγού και επιβαινόντων personal accident insurance || πλήρης ασφάλιση comprehensive insurance

άσχημος/η/ο ugly

ατμοπλοϊκό εισητήριο boat ticket

ατμός (o) steam

ατομικός/η/ο personal

άτομο (το) individual

Αττική (η) Attica

ατύχημα (το) accident

αυγό (το) egg || αυγό βραστό boiled egg || αυγό μελάτο soft boiled egg || αυγό ποσέ poached egg || αυγό τηγανιτό fried egg || αυγά ημέρας newly laid eggs

αυγολέμονο σούπα soup containing rice, chicken stock, egg and lemon

Αύγουστος (o) August

αύριο tomorrow

Αυστραλία (η) Australia

αυτή she; this

αυτί (το) ear

αυτοί they; these

αυτοκίνητο (το) car || ενοικιάσεις αυτοκινήτων car hire || Ελληνική

Α	α	A
Β	β	V
Γ	γ	G
Δ	δ	D
Ε	ε	E
Ζ	ζ	Z
Η	η	I
Θ	θ	Th
Ι	ι	I
Κ	κ	K
Λ	λ	L
Μ	μ	M
Ν	ν	N
Ξ	ξ	X
Ο	ο	O
Π	π	P
Ρ	ϱ	R
Σ	σ,ς	S
Τ	τ	T
Υ	υ	I
Φ	φ	F
Χ	χ	H
Ψ	ψ	Ps
Ω	ω	O

Λέσχη Αυτοκινήτου και Περιηγήσεων
Automobile and Touring Club of Greece
|| στάθμευση αυτοκινήτων car parking
|| συνεργείο αυτοκινήτων car repairs
αυτοκινητόδρομος (ο) motorway
αυτόματος/η/ο automatic
|| αυτόματη μετάδοση automatic
transmission
αυτός/η/ο he/she/it
αυτοψωνίζετε self-service
αφαίρεση (η) subtraction, deduction
άφιξη (η) arrival || αφίξεις arrivals
|| δελτίο αφίξεως arrival card
αφορολόγητα (τα) duty-free goods
Αφροδίτη Aphrodite; medium white
wine from Cyprus
αφυδάτωση (η) dehydration
Αχαίας red or white wine from Patras
αχθοφόρος (ο) porter
αχινός (ο) sea urchin
αχλάδι (το) pear
αχλαδιά (η) pear tree
άχρηστα (τα) waste
αψίδα (η) arch

B

βαγόνι (το) carriage *(train)*
βάζω to put
βάθος (το) depth
βαλανιδιά (η) oak tree
βαλβίδα (η) valve
βαλίτσα (η) suitcase
βαμβακερός/η/ο made of cotton
βαμβάκι (το) cotton; cotton wool

A	α	A
B	β	V
Γ	γ	G
Δ	δ	D
E	ε	E
Z	ζ	Z
H	η	I
Θ	θ	Th
I	ι	I
K	κ	K
Λ	λ	L
M	μ	M
N	ν	N
Ξ	ξ	X
O	ο	O
Π	π	P
P	ρ	R
Σ	σ,ς	S
T	τ	T
Y	υ	I
Φ	φ	F
X	χ	H
Ψ	ψ	Ps
Ω	ω	O

βαρέλι (το) barrel || μπύρα από βαρέλι draught beer

βάρκα (η) boat

βάρος (το) weight

βαρύς/ια/υ heavy

βάση (η) base

βασιλέας (ο) king

βασίλισσα (η) queen

βατόμουρο (το) blackberry

βάτραχος (ο) frog

βαφή (η) paint, dye

βαφτίσια (τα) christening

βγάζω to take off

βγαίνω to go out

βέβαιος/α/ο certain, sure

βελόνα (η) needle

βενζίνη (η) petrol

βεράντα (η) veranda

βήχας (ο) cough

βία (η) violence

βιαστικά hastily

βιβλίο (το) book

βιβλιοθήκη (η) bookcase; library || Δημοτική Βιβλιοθήκη Public Library || Κεντρική Βιβλιοθήκη Central Library

βιβλιοπωλείο (το) bookshop

Βίβλος (η) the Bible

βίδα (η) screw

βιομηχανία (η) industry

βιοτεχνία (η) handicraft

βιταμίνη (η) vitamin

βιτρίνα (η) shop window

βλάστηση (η) vegetation

βλέπω to see

βόδι (το) ox || βοδινό κρέας beef

A	α	A
B	β	V
Γ	γ	G
Δ	δ	D
E	ε	E
Z	ζ	Z
H	η	I
Θ	θ	Th
I	ι	I
K	κ	K
Λ	λ	L
M	μ	M
N	ν	N
Ξ	ξ	X
O	o	O
Π	π	P
P	ϱ	R
Σ	σ,ς	S
T	τ	T
Y	υ	I
Φ	φ	F
X	χ	H
Ψ	ψ	Ps
Ω	ω	O

βοήθεια (η) help ‖ Κέντρο Άμεσης Βοήθειας Centre for Emergency Aid ‖ οδική βοήθεια breakdown service ‖ πρώτες βοήθειες first aid

βοηθώ to help

βόμβα (η) bomb

βομβητής (ο) buzzer

βορράς (ο) north

βουλή (η) parliament

βουνό (το) mountain

βούρτσα (η) brush

βούτυρος (ο) butter

βράδυ (το) evening

βραχιόλι (το) bracelet

βράχος (ο) rock

Βρεττανία (η) Britain

Βρεττανικός/η/ο British *(thing)* ‖ Βρεττανικές Αερογραμμές British Airways

Βρεττανός/ιδα British man/ woman

βρίσκω to find

βροχερός/η/ο rainy ‖ βροχερός καιρός wet weather

βροχή (η) rain

βρύση (η) tap, fountain

βωμός (ο) altar

Γ

γάιδαρος (ο) donkey

γάλα (το) milk

γαλάζιος/α/ο blue

γαλακτοπωλείο (το) dairy products

Γαλλία (η) France

Α	α	A
Β	β	V
Γ	γ	G
Δ	δ	D
Ε	ε	E
Ζ	ζ	Z
Η	η	I
Θ	θ	Th
Ι	ι	I
Κ	κ	K
Λ	λ	L
Μ	μ	M
Ν	ν	N
Ξ	ξ	X
Ο	ο	O
Π	π	P
Ρ	ρ	R
Σ	σ,ς	S
Τ	τ	T
Υ	υ	I
Φ	φ	F
Χ	χ	H
Ψ	ψ	Ps
Ω	ω	O

Γαλλικός / η / ο French (*thing*)	Α	α	A
Γάλλος / ιδα Frenchman / -woman	Β	β	V
γαλοπούλα (η) turkey	Γ	γ	G
γάμος (ο) wedding, marriage	Δ	δ	D
γαμπρός (ο) brother-in-law; son-in-law; bridegroom			
γάντι (το) glove	Ε	ε	E
γαρίδα (η) shrimp	Ζ	ζ	Z
γαρύφαλλο (το) carnation			
γάτα (η) cat	Η	η	I
γεια σου hello; goodbye	Θ	θ	Th
γείτονας / ισσα neighbour			
γειτονιά (η) neighbourhood	Ι	ι	I
γέλιο (το) laughter	Κ	κ	K
γελώ to laugh			
γεμάτος / η / ο full	Λ	λ	L
γενέθλια (τα) birthday			
γένια (τα) beard	Μ	μ	M
γενιά (η) generation	Ν	ν	N
γενικός / η / ο general ‖ Γενικό Νοσοκομείο General Hospital	Ξ	ξ	X
γέννηση (η) birth	Ο	ο	O
γεράματα (τα) old age			
Γερμανία (η) Germany	Π	π	P
Γερμανικός / η / ο German (*thing*)	Ρ	ρ	R
Γερμανός / ιδα German (*man / woman*)	Σ	σ, ς	S
γερός / η / ο healthy, strong	Τ	τ	T
γέρος (ο) old man			
γεύμα (το) meal	Υ	υ	I
γεύση (η) taste	Φ	φ	F
γέφυρα (η) bridge			
γεωγραφία (η) geography	Χ	χ	H
γεωργία (η) agriculture	Ψ	ψ	Ps
γη (η) earth, ground, land	Ω	ω	O
για for			

γιαγιά (η) grandmother	Α	α	A
γιακάς (ο) collar	Β	β	V
γιαούρτι (το) yogurt	Γ	γ	G
Γιαπωνέζικος / η / ο Japanese *(thing)*	Δ	δ	D
γιασεμί (το) jasmine			
γιατί why; because	Ε	ε	E
γιατρός (ο / η) doctor	Ζ	ζ	Z
γίδα (η) goat	Η	η	I
γίνομαι to become ‖ **γίνονται δεκτές πιστωτικές κάρτες** we accept credit cards	Θ	θ	Th
γιορτή (η) public holiday	Ι	ι	I
γιωτ (το) yacht			
γκάζι (το) accelerator *(car)*; gas	Κ	κ	K
γκαράζ (το) garage	Λ	λ	L
γκαρσόν, γκαρσόνι (το) waiter	Μ	μ	M
γκρεμός (ο) precipice			
γκρίζος / α / ο grey	Ν	ν	N
γλάρος (ο) seagull	Ξ	ξ	X
γλάστρα (η) flowerpot	Ο	ο	O
γλέντι (το) feast			
γλυκό (το), γλυκά (τα) sweet pastries and cakes, patisserie	Π	π	P
γλυκό ταψιού pastries in syrup	Ρ	ρ	R
γλυκός / ια / ο sweet			
γλύπτης (ο / η) sculptor	Σ	σ, ς	S
γλυπτική (η) sculpture	Τ	τ	T
Γλυφάδα (η) sea resort of Glyfada			
γλώσσα (η) tongue; language; sole *(fish)*	Υ	υ	I
γνήσιος / α / ο genuine	Φ	φ	F
γνωρίζω to know			
γνώση (η) knowledge	Χ	χ	H
γόνατο (το) knee	Ψ	ψ	Ps
γονείς (οι) parents	Ω	ω	O
γουιντσέρφινγκ (το) windsurfing			
γούνα (η) fur			

γουρούνι (το) pig
γραβάτα (η) tie
γράμμα (το) letter || γράμμα επείγον urgent *or* express letter || γράμμα συστημένο registered letter
γραμμάριο (το) gram
γραμματοκιβώτιο (το) letter box
γραμματόσημο (το) stamp || αυτόματος πωλητής γραμματοσήμων automatic stamp dispenser
γραφείο (το) office; desk || Γραφείο Τουρισμού Tourist Office
γράφω to write
γρήγορα quickly
γριά (η) old woman
γρίππη (η) influenza
γυαλί (το) glass || γυαλιά (τα) glasses || γυαλιά του ήλιου sunglasses
γυιος (ο) son
Γυμνάσιο (το) ≈ lower secondary school
γυμνός/η/ο naked
γυναίκα (η) woman || γυναικών Ladies *(toilets)*
γυναικολόγος (ο/η) gynaecologist
γύρος (ο) doner kebab
γύρω round, about
γωνία (η) corner

Δ

δάκρυ (το) tear
δακρύζω to shed tears
δακτυλίδι (το) ring *(for finger)*
δακτύλιος (ο) ring, circle
δάκτυλο (το) finger

Α	α	A
Β	β	V
Γ	γ	G
Δ	δ	D
Ε	ε	E
Ζ	ζ	Z
Η	η	I
Θ	θ	Th
Ι	ι	I
Κ	κ	K
Λ	λ	L
Μ	μ	M
Ν	ν	N
Ξ	ξ	X
Ο	ο	O
Π	π	P
Ρ	ρ	R
Σ	σ,ς	S
Τ	τ	T
Υ	υ	I
Φ	φ	F
Χ	χ	H
Ψ	ψ	Ps
Ω	ω	O

δαμάσκηνο (το) plum	Α	α	A
δανείζω to lend	Β	β	V
δάνειο (το) loan	Γ	γ	G
δαντέλα (η) lace	Δ	δ	D
δάπεδο (το) floor			
δάσκαλος/α teacher	Ε	ε	E
δασμός (ο) duty, tax			
δάσος (το) forest, wood	Ζ	ζ	Z
δείπνο (το) dinner	Η	η	I
δέκα ten			
δέκατος/η/ο tenth	Θ	θ	Th
δεκαέξη sixteen			
δεκαεννέα nineteen	Ι	ι	I
δεκαεπτά seventeen			
δεκαοκτώ eighteen	Κ	κ	K
δεκαπενθήμερο (το) fortnight	Λ	λ	L
δεκαπέντε fifteen			
δεκατέσσερα fourteen	Μ	μ	M
δεκατρία thirteen	Ν	ν	N
Δεκέμβριος (ο) December			
δελτίο (το) card, coupon ‖ δελτίο	Ξ	ξ	X
αφίξεως arrival card ‖ δελτίο λιανικής			
πωλήσεως bill for retail sale	Ο	ο	O
δελφίνι (το) dolphin ‖ ιπτάμενο	Π	π	P
δελφίνι hydrofoil			
Δελφοί (οι) Delphi	Ρ	ρ	R
δέμα (το) parcel	Σ	σ,ς	S
Δεμέστικα white wine from Southern	Τ	τ	T
Greece			
δεν not ‖ δεν γίνονται αλλαγές goods	Υ	υ	I
cannot be exchanged ‖ δεν δίνει			
ρέστα no change given	Φ	φ	F
δέντρο (το) tree	Χ	χ	H
δένω to tie			
δεξιά right (side)	Ψ	ψ	Ps
δέρμα (το) skin; leather	Ω	ω	O

δερματολόγος (ο/η) dermatologist
δέσιμο (το) tying
δεσποινίς/ίδα (η) Miss
Δευτέρα (η) Monday
δεύτερος/η/ο second
δηλητήριο (το) poison
Δήλος (η) Delos
δήλωση (η) announcement, statement || δήλωση συναλλάγματος currency declaration || είδη προς δήλωση goods to declare || ουδέν προς δήλωση nothing to declare
Δημαρχείο (το), Δημαρχικό Μέγαρο Town Hall
δημοκρατία (η) democracy
δήμος (ο) municipality
δημόσιος/α/ο public || δημόσια έργα public works, road works || δημόσιος κήπος public gardens
δημοτικός/η/ο public || Δημοτική Αγορά (public) market || Δημοτική Βιβλιοθήκη Public Library
διαβάζω to read
διάβαση πεζών pedestrian crossing || υπόγεια διάβαση πεζών underground pedestrian crossing
διαβατήριο (το) passport || αριθμός διαβατηρίου passport number || έλεγχος διαβατηρίων passport control
διαβήτης (ο) diabetes
διαδρομή (η) route
διάδρομος (ο) corridor
διαζύγιο (το) divorce
διαθήκη (η) will
διαίρεση (η) division
δίαιτα (η) diet

Α	α	A
Β	β	V
Γ	γ	G
Δ	δ	D
Ε	ε	E
Ζ	ζ	Z
Η	η	I
Θ	θ	Th
Ι	ι	I
Κ	κ	K
Λ	λ	L
Μ	μ	M
Ν	ν	N
Ξ	ξ	X
Ο	ο	O
Π	π	P
Ρ	ρ	R
Σ	σ,ς	S
Τ	τ	T
Υ	υ	I
Φ	φ	F
Χ	χ	H
Ψ	ψ	Ps
Ω	ω	O

διακεκριμένος/η/ο distinguished ‖ **διακεκριμένη θέση** business class

διακοπές (οι) holidays

διάλειμμα (το) interval, break

διάλεκτος (η) dialect

διάλεξη (η) lecture, talk

διάλυση (η) closing down

διαμάντι (το) diamond

διαμέρισμα (το) flat, apartment

διανομέας (ο) distributor *(car)*

διανυκτερεύει all-night *(chemist, restaurant etc)*

διάρκεια (η) duration ‖ **κατά τη διάρκεια της ημέρας** during the day

διασκέδαση (η) entertainment ‖ **κέντρο διασκεδάσεως** night club

διάστημα (το) interval, space

διαταγή (η) order

διατηρώ to preserve, keep ‖ **διατηρείτε την πόλη καθαρή** keep the town clean

διατροφή (η): **πλήρης διατροφή** full board

διαφέρω to differ

διαφήμιση (η) advertisement

διαφορά (η) difference

δίδραχμο (το) 2-drachma piece

δίδυμος/η twin

διεθνής/ης/ες international

διερμηνέας (ο/η) interpreter

διεύθυνση (η) address; management

διευθυντής (ο) manager; headmaster

δικαστήριο (το) court

δικαστής (ο) judge

δικηγόρος (ο) lawyer

δίνω to give

διορθώνω to correct

Α	α	A
Β	β	V
Γ	γ	G
Δ	δ	D
Ε	ε	E
Ζ	ζ	Z
Η	η	I
Θ	θ	Th
Ι	ι	I
Κ	κ	K
Λ	λ	L
Μ	μ	M
Ν	ν	N
Ξ	ξ	X
Ο	ο	O
Π	π	P
Ρ	ρ	R
Σ	σ,ς	S
Τ	τ	T
Υ	υ	I
Φ	φ	F
Χ	χ	H
Ψ	ψ	Ps
Ω	ω	O

διορίζω to appoint
διότι because
δίπλα next to
διπλός/η/ο double || διπλό δωμάτιο double room || διπλό κρεββάτι double bed
διπλότυπος λογαριασμός duplicate bill
δισκοθήκη (η) disco
δίσκος (ο) record
διυλιστήρια (τα) refinery
δίχτυ (το) net
δίψα (η) thirst
διψώ to be thirsty
διώκω to persecute || διώκεται ποινικώς will be prosecuted
δολλάριο (το) dollar
δόλωμα (το) bait
δόντι (το) tooth
δουλειά (η) work
δραχμή (η) drachma
δρομολόγιο (το) timetable; route || εξωτερικά δρομολόγια international routes || εσωτερικά δρομολόγια internal routes
δρόμος (ο) street, way
δύο two
δύση (η) west
δυσκοιλιότητα (η) constipation
δύσκολος/η/ο difficult
δυστύχημα (το) accident
δυστυχισμένος/η/ο unhappy
δυτικός/η/ο western
δώδεκα twelve
δωδεκάδα (η) dozen
Δωδεκάνησα (τα) the Dodecanese
δωμάτιο (το) room

Α	α	A
Β	β	V
Γ	γ	G
Δ	δ	D
Ε	ε	E
Ζ	ζ	Z
Η	η	I
Θ	θ	Th
Ι	ι	I
Κ	κ	K
Λ	λ	L
Μ	μ	M
Ν	ν	N
Ξ	ξ	X
Ο	ο	O
Π	π	P
Ρ	ϱ	R
Σ	σ,ς	S
Τ	τ	T
Υ	υ	I
Φ	φ	F
Χ	χ	H
Ψ	ψ	Ps
Ω	ω	O

δωρεάν free of charge
δώρο (το) present, gift

E

εάν if
εβδομάδα (η) week
εβδομήντα seventy
έβδομος/η/ο seventh
εγγονή granddaughter
εγγονός grandson
εγγραφή (η) registration
εγγύηση (η) deposit, guarantee
εγκαταλείπω to abandon
εγκατάλειψη πλοίου abandon ship
έγχρωμος/η/ο coloured ‖
  έγχρωμες φωτογραφίες colour
  photographs
εγώ I
έδρανο (το) bearing *(in car)*
εδώ here
έθιμο (το) custom
εθνικός/η/ο national ‖ εθνικό
  θέατρο national theatre ‖ εθνικοί
  οδοί national highways ‖ εθνικός
  κήπος public garden ‖ εθνικός ύμνος
  national anthem
έθνος (το) nation
ειδικός/η/ο specialist ‖ ειδικό
  τμήμα ... special department for ...
είδος (το) kind, sort ‖ είδη goods
  ‖ είδη αλιείας fishing tackle ‖ είδη
  προς δήλωση goods to declare ‖
  είδη εξοχής camping equipment ‖
  είδη καπνιστού tobacconist ‖ είδη

Α	α	A
Β	β	V
Γ	γ	G
Δ	δ	D
Ε	ε	E
Ζ	ζ	Z
Η	η	I
Θ	θ	Th
Ι	ι	I
Κ	κ	K
Λ	λ	L
Μ	μ	M
Ν	ν	N
Ξ	ξ	X
Ο	ο	O
Π	π	P
Ρ	ρ	R
Σ	σ,ς	S
Τ	τ	T
Υ	υ	I
Φ	φ	F
Χ	χ	H
Ψ	ψ	Ps
Ω	ω	O

κήπου garden centre || είδη υγιεινής bathrooms

εικόνα (η) picture, icon

είκοσι twenty

εικοσάδραχμο (το) 20-drachma piece

είμαι I am

είμαστε we are

είναι it is

εισαγωγές (οι) imports

είσαι you are

εισιτήριο (το) ticket || εισιτήριο απλής διαδρομής single ticket || εισιτήριο μετ' επιστροφής return ticket || ατμοπλοϊκό εισιτήριο boat ticket || σιδηροδρομικό εισιτήριο rail ticket || φοιτητικό εισιτήριο student ticket

είσοδος (η) entrance, entry

εισπράκτορας (ο) conductor (on bus) || χωρίς εισπράκτορα without conductor, one-man operated (bus: exact fare needed)

είστε you (plural) are

εκατό one hundred

εκδόσεις εισιτηρίων tickets

εκδοτήριο (το) tickets || εκδοτήρια ticket machines

εκεί there

εκείνος/η/ο he/she/it

έκθεση (η) exhibition

εκκλησία (η) church

εκλέγω to choose, elect

εκλογές (οι) elections

έκπτωση (η) discount || εκπτώσεις sale

εκσκαφή (η) excavation

εκτελούνται έργα road works

έκτος/η/ο sixth

Α	α	A
Β	β	V
Γ	γ	G
Δ	δ	D
Ε	ε	E
Ζ	ζ	Z
Η	η	I
Θ	θ	Th
Ι	ι	I
Κ	κ	K
Λ	λ	L
Μ	μ	M
Ν	ν	N
Ξ	ξ	X
Ο	ο	O
Π	π	P
Ρ	ϱ	R
Σ	σ,ς	S
Τ	τ	T
Υ	υ	I
Φ	φ	F
Χ	χ	H
Ψ	ψ	Ps
Ω	ω	O

εκτός except, unless ‖ εκτός λειτουργίας out of order

έλα! come on!, come along!, come here!

ελαστικό (το) tyre ‖ σέρβις ελαστικών tyre service

ελατήριο (το) spring (coil)

ελαττώνω to reduce ‖ ελαττώσατε ταχύτητα reduce speed

ελαφρός/η/ο light (in weight)

ελάχιστος/η/ο minimal

έλεγχος (ο) control ‖ έλεγχος διαβατηρίων passport control ‖ έλεγχος εισητηρίων check-in ‖ έλεγχος ελαστικών tyre check ‖ έλεγχος επιβατών και αποσκευών check-in ‖ αγορανομικός έλεγχος price control ‖ υγειονομικός έλεγχος health control

ελεύθερος/η/ο free; for hire

ελιά (η) olive; olive tree

έλκος (το) ulcer

Ελλάδα, Ελλάς (η) Greece

Έλληνας/ιδα Greek (man/woman)

Ελληνικά (τα) Greek (language)

Ελληνικός/η/ο Greek (thing) ‖ Ελληνικά Ταχυδρομεία Greek Post Office ‖ Ελληνική Δημοκρατία Republic of Greece ‖ Ελληνική Λέσχη Αυτοκινήτου και Περιηγήσεων (ΕΛΠΑ) Automobile and Touring Club of Greece ‖ Ελληνικής κατασκευής made in Greece ‖ το Ελληνικό Athens Airport ‖ Ελληνικός Οργανισμός Τουρισμού Greek Tourist Organisation ‖ Ελληνικό προϊόν product of Greece

Α	α	A
Β	β	V
Γ	γ	G
Δ	δ	D
Ε	ε	E
Ζ	ζ	Z
Η	η	I
Θ	θ	Th
Ι	ι	I
Κ	κ	K
Λ	λ	L
Μ	μ	M
Ν	ν	N
Ξ	ξ	X
Ο	ο	O
Π	π	P
Ρ	ρ	R
Σ	σ,ς	S
Τ	τ	T
Υ	υ	I
Φ	φ	F
Χ	χ	H
Ψ	ψ	Ps
Ω	ω	O

ελπίδα (η) hope
ελπίζω to hope
εμβολιασμός (ο) vaccination
έμβολο (το) piston
εμείς we
εμετός (ο) vomit || έκανα εμετό I was sick
εμποδίζω to prevent
εμπόδιο (το) obstacle
εμπόρευμα (το) merchandise
εμπόριο (το) trade
έμπορος (ο) merchant, tradesman
εμπρός forward, in front
εμφανίζω to develop (film) || εμφάνιση παράδοση σε 1 ώρα films developed in 1 hour
εναντίον against
έναρξη (η) opening, beginning
ένας/μία/ένα one
ένατος/η/ο ninth
ένδυμα (το) article of clothing || έτοιμα ενδύματα ready-to-wear
ένεση (η) injection
ενέχυρα (τα) pawnshop
εννέα nine
ενοικιάζω to rent, hire || ενοικιάζεται to let
ενοικιάσεις for hire
ενοίκιο (το) rent
εντάξει all right, OK
έντεκα eleven
έντερα (τα) intestines
έντομο (το) insect
εντομοκτόνο (το) insecticide
έντυπο (το) form (to fill in)
ενώ while

A	α	A
B	β	V
Γ	γ	G
Δ	δ	D
E	ε	E
Z	ζ	Z
H	η	I
Θ	θ	Th
I	ι	I
K	κ	K
Λ	λ	L
M	μ	M
N	ν	N
Ξ	ξ	X
O	ο	O
Π	π	P
P	ϱ	R
Σ	σ,ς	S
T	τ	T
Y	υ	I
Φ	φ	F
X	χ	H
Ψ	ψ	Ps
Ω	ω	O

ενωρίς early | A | α | A |
εξάδερφος/η cousin | B | β | V |
εξετάζω to examine | Γ | γ | G |
έξη/ι six | Δ | δ | D |
εξηγώ to explain | E | ε | E |
εξήντα sixty | Z | ζ | Z |
έξοδος (η) exit; gate *(at airport)* | H | η | I |
εξοπλισμός (ο) equipment | Θ | θ | Th |
εξοχή (η) countryside | I | ι | I |
εξυπηρέτηση (η) service | K | χ | K |
έξω out, outside | Λ | λ | L |
εξωλέμβιες (οι) boats with outboard | M | μ | M |
motors | N | ν | N |
εξώστης (ο) circle, balcony *(in theatre)* | Ξ | ξ | X |
εξωτερικός/η/ο external ‖ το | O | ο | O |
εξωτερικό foreign countries *(outside | Π | π | P |
Greece)* ‖ εξωτερικού letters - abroad | P | ϱ | R |
(on post boxes) ‖ πτήσεις εξωτερικού | Σ | σ,ς | S |
international flights | T | τ | T |
EOK EEC | Y | υ | I |
**EOT=Ελληνικός Οργανισμός | Φ | φ | F |
Τουρισμού** | X | χ | H |
επάγγελμα (το) occupation, profession | Ψ | ψ | Ps |
επαναλαμβάνω to repeat | Ω | ω | O |
επανάσταση (η) revolution
επάργυρος/η/ο silver-plated
έπαυλη (η) villa
επείγον, επείγουσα urgent, express
επειδή because
έπειτα then
επέτειος (η) anniversary
επιβάτης/τρια passenger ‖
διερχόμενοι επιβάτες passengers in
transit
επιβατικά (τα) private cars
επιβεβαιώνω to confirm

επιβίβαση (η) boarding || κάρτα
  επιβιβάσεως boarding card
Επίδαυρος (η) Epidavros
επιδόρπιο (το) dessert
επιθεώρηση (η) revue *(in theatre)*
επικίνδυνος/η/ο dangerous ||
  επικίνδυνη κατωφέρεια dangerous
  incline
επιλογή (η) selection
επιμένω to insist
έπιπλο (το) piece of furniture
επίσης also
επισκευή (η) repair || επισκευές repairs
επίσκεψη (η) visit || ώρες επισκέψεως
  visiting hours
επιστολή (η) letter || επιστολή
  επείγουσα urgent *or* express letter ||
  επιστολή συστημένη registered letter
επιστροφή (η) return || επιστροφή
  νομισμάτων returned coins ||
  επιστροφές returned goods
επιταγή (η) cheque || ταχυδρομική
  επιταγή postal order
επιτρέπω to permit
επιτυγχάνω to succeed
επιφάνεια (η) surface
επόμενος/η/ο next
εποχή (η) season
επτά seven
Επτάνησα (τα) Ionian Islands
επώνυμο (το) surname
έργα (τα) road works
εργαλείο (το) tool
εργασία (η) work
εργαστήριο (το) workshop
εργάτης (ο) worker

Α	α	A
Β	β	V
Γ	γ	G
Δ	δ	D
Ε	ε	E
Ζ	ζ	Z
Η	η	I
Θ	θ	Th
Ι	ι	I
Κ	κ	K
Λ	λ	L
Μ	μ	M
Ν	ν	N
Ξ	ξ	X
Ο	ο	O
Π	π	P
Ρ	ϱ	R
Σ	σ,ς	S
Τ	τ	T
Υ	υ	I
Φ	φ	F
Χ	χ	H
Ψ	ψ	Ps
Ω	ω	O

εργοστάσιο (το) factory
έρευνα (η) search, research
έρχομαι to come
ερώτηση (η) question
εσείς you *(plural)*
εστιατόριο (το) restaurant
εσύ you *(singular)*
εσώρουχα (τα) underwear
εσωτερικός/η/ο internal || εσωτερικού letters - inland *(on post boxes)* || πτήσεις εσωτερικού internal flights
εταιρ(ε)ία (η) company, firm
ετήσιος/α/ο annual
έτοιμος/η/ο ready
έτος (το) year
έτσι so, like this || έτσι κι έτσι so-so, middling
ευθεία (η) straight line || κατ' ευθείαν straight on
ευθυγράμμιση (η) wheel alignment
ευκαιρία (η) opportunity; bargain
ευκολία (η) ease, convenience || ευκολίες πληρωμής credit terms
Ευρώπη (η) Europe
ευτυχισμένος/η/ο happy
ευχαριστώ thank you
εφημερίδα (η) newspaper
έχω to have

Z

Ζάκυνθος (η) Zante, Zakynthos
ζάλη (η) dizziness
ζαμπόν (το) ham

Α	α	A
Β	β	V
Γ	γ	G
Δ	δ	D
Ε	ε	E
Ζ	ζ	Z
Η	η	I
Θ	θ	Th
Ι	ι	I
Κ	κ	K
Λ	λ	L
Μ	μ	M
Ν	ν	N
Ξ	ξ	X
Ο	ο	O
Π	π	P
Ρ	ρ	R
Σ	σ,ς	S
Τ	τ	T
Υ	υ	I
Φ	φ	F
Χ	χ	H
Ψ	ψ	Ps
Ω	ω	O

Ζάππειο (το) Zappio (*public garden in Athens*)

ζάρια (τα) dice

ζάχαρη (η) sugar

ζαχαροπλαστείο (το) patisserie

ζεστός/η/ο warm

ζέστη (η) heat ‖ κάνει ζέστη it's hot

ζευγάρι (το) couple, pair

ζήλεια (η) jealousy

ζηλεύω to be jealous

ζημιά (η) damage ‖ πάσα ζημιά τιμωρείται anyone causing damage will be prosecuted

ζητώ to ask; to seek

ζήτω! hurray!

ζούγκλα (η) jungle

ζυγαριά (η) scales (*for weighing*)

ζυγοστάθμιση (η) wheel balancing

ζυμαρικά (τα) pastries

ζω to live

ζωγραφίζω to draw, paint

ζωγραφική (η) painting (*art*)

ζωή (η) life

ζώνη (η) belt ‖ ζώνη ασφαλείας safety belt

ζωντοχήρα (η) divorced woman

ζωντοχήρος (ο) divorced man

ζώο (το) animal

ζωολογικός κήπος zoo

Η

η the (*with feminine nouns*)

ή or

ΗΒ UK

Α	α	A
Β	β	V
Γ	γ	G
Δ	δ	D
Ε	ε	E
Ζ	ζ	Z
Η	η	I
Θ	θ	Th
Ι	ι	I
Κ	κ	K
Λ	λ	L
Μ	μ	M
Ν	ν	N
Ξ	ξ	X
Ο	ο	O
Π	π	P
Ρ	ρ	R
Σ	σ,ς	S
Τ	τ	T
Υ	υ	I
Φ	φ	F
Χ	χ	H
Ψ	ψ	Ps
Ω	ω	O

ηλεκτρισμός (ο) electricity
ηλεκτρονικός/η/ο electronic ‖
ηλεκτρονική ζυγοστάθμιση electronic
wheel balancing ‖ ηλεκτρονικός
έλεγχος electronic check
ηλιακός/η/ο solar
ηλίαση (η) sunstroke
ηλικία (η) age
ηλιοβασίλεμα (το) sunset
ηλιοθεραπεία (η) sunbathing
ήλιος (ο) sun
ημέρα (η) day
ημερήσιος/α/ο daily
ημερομηνία (η) date ‖ ημερομηνία
αναχωρήσεως date of departure ‖
ημερομηνία αφίξεως date of arrival ‖
ημερομηνία γεννήσεως date of birth
‖ ημερομηνία λήξεως expiry date
ημιδιατροφή (η) half board
Ηνωμένο Βασίλειο United Kingdom
ΗΠΑ USA
Ήπειρος (η) Epirus
Ηράκλειο (το) Iraklion
ήρωας (ο) hero
ηρωίδα (η) heroine
ησυχία (η) calmness, quiet
ήταν was; were
ήχος (ο) sound
ηχώ to sound, echo
ηχώ (η) echo

Θ

θα shall, will
θαλαμηπόλος (ο) room steward on boat

Α	α	A
Β	β	V
Γ	γ	G
Δ	δ	D
Ε	ε	E
Ζ	ζ	Z
Η	η	I
Θ	θ	Th
Ι	ι	I
Κ	κ	K
Λ	λ	L
Μ	μ	M
Ν	ν	N
Ξ	ξ	X
Ο	ο	O
Π	π	P
Ρ	ρ	R
Σ	σ,ς	S
Τ	τ	T
Υ	υ	I
Φ	φ	F
Χ	χ	H
Ψ	ψ	Ps
Ω	ω	O

θάλασσα (η) sea || θαλάσσιο αλεξίπτωτο paragliding || θαλάσσιο σκι water skiing || θαλάσσια σπορ water sports	A α	A
	B β	V
θάνατος (ο) death	Γ γ	G
θάρρος (το) courage	Δ δ	D
Θάσος Thasos		
θέα (η) view	E ε	E
θέατρο (το) theatre	Z ζ	Z
θεία (η) aunt	H η	I
θείος (ο) uncle	Θ θ	Th
θέλω to want	I ι	I
θεός (ο) god		
θεραπεία (η) treatment	K κ	K
θερινός/η/ο summer || θερινές διακοπές summer holidays	Λ λ	L
θερισμός (ο) harvest	M μ	M
θέρμανση (η) heating	N ν	N
θερμίδα (η) calorie	Ξ ξ	X
Θερμοπύλαι/ες (οι) Thermopylae		
θερμοστάτης (ο) thermostat	O o	O
θέση (η) place, seat || θέση στάθμευσης αυτοκινήτων parking || διακεκριμένη θέση business class || κράτηση θέσης seat reservation || οικονομική θέση economy class || πρώτη θέση first class	Π π	P
	P ρ	R
	Σ σ, ς	S
Θεσσαλία (η) Thessaly	T τ	T
Θεσσαλονίκη (η) Salonica		
Θήβαι/ες (οι) Thebes	Y υ	I
θηλυκός female, feminine	Φ φ	F
θόρυβος (ο) noise		
Θράκη (η) Thrace	X χ	H
θρησκεία (η) religion	Ψ ψ	Ps
θρόνος (ο) throne	Ω ω	O
θύελλα (η) storm		
θυμάμαι to remember		

θυμάρι (το) thyme
θυμώνω to get angry
θύρα (η) door; gate (*at airport*) ||
πυροστεγής θύρα fire door
θυρίδα, θυρίς (η) ticket window ||
θυρίς καταθέσεων deposits, night safe
(*bank*)
θυροτηλέφωνο (το) emergency phone
(*on train*)
θυρωρείο (το) porter
θώρακας (ο) chest

Ι

Ιανουάριος (ο) January
Ιαπωνέζος/α Japanese man/
woman
Ιαπωνία Japan
Ιαπωνικός/η/ο Japanese (*thing*)
ιατρική περίθαλψη medical treatment
ιατρός (ο/η) doctor
ιδέα (η) idea
ιδιοκτήτης/τρια owner
ίδιος/α/ο same || εγώ ο ίδιος
myself
ιδιωτικός/η/ο private ||
ιδιωτικός χώρος private, keep off *or*
out; no parking
ίδρυμα (το) institution
ιερέας (ο) priest
ιερό (το) sanctuary (*in church*)
ιθαγένεια (η) nationality
ικανοποίηση (η) satisfaction
ικανός/η/ο able
ιματιοθήκη (η) cloakroom

Α	α	A
Β	β	V
Γ	γ	G
Δ	δ	D
Ε	ε	E
Ζ	ζ	Z
Η	η	I
Θ	θ	Th
Ι	ι	I
Κ	κ	K
Λ	λ	L
Μ	μ	M
Ν	ν	N
Ξ	ξ	X
Ο	ο	O
Π	π	P
Ρ	ρ	R
Σ	σ,ς	S
Τ	τ	T
Υ	υ	I
Φ	φ	F
Χ	χ	H
Ψ	ψ	Ps
Ω	ω	O

Ιόνιο Πέλαγο Ionian sea
Ιόνιοι Νήσοι Ionian islands
ιός (ο) virus
Ιούλιος (ο) July
Ιούνιος (ο) June
ιππασία (η) riding
ιπποδρομίες (οι) horse racing
ιππόδρομος (ο) race track
ιππόκαμπος (ο) jet skiing
ίππος (ο) horse
ιπτάμενος/η/ο flying || ιπτάμενο
δελφίνι hydrofoil
Ιρλανδία (η) Ireland
Ιρλανδικός/η/ο Irish (thing)
Ιρλανδός/η Irishman/-woman
Ισθμός (ο) canal || ο Ισθμός
της Κορίνθου the Corinth
canal
ίσκιος (ο) shadow
ισόγειο (το) ground floor
ίσος/η/ο equal to
Ισπανία (η) Spain
Ισπανικός/η/ο Spanish (thing)
Ισπανός/ιδα Spaniard (man/woman)
ιστιοπλοΐα (η) sailing
ιστορία (η) history; story
ίσως perhaps
Ιταλία (η) Italy
Ιταλικός/η/ο Italian (thing)
Ιταλός/ιδα Italian (man/woman)
ΙΧ private cars (parking sign)
ιχθυοπωλείο (το) fishmonger's
ιχθύς (ο) fish
Ιωάννινα (τα) Ioannina

Α	α	A
Β	β	V
Γ	γ	G
Δ	δ	D
Ε	ε	E
Ζ	ζ	Z
Η	η	I
Θ	θ	Th
Ι	ι	I
Κ	κ	K
Λ	λ	L
Μ	μ	M
Ν	ν	N
Ξ	ξ	X
Ο	ο	O
Π	π	P
Ρ	ρ	R
Σ	σ,ς	S
Τ	τ	T
Υ	υ	I
Φ	φ	F
Χ	χ	H
Ψ	ψ	Ps
Ω	ω	O

K

κάβα (η) trolley *or* rack for drinks ‖
κάβα οινοπνευματωδών spirits trolley
Κάβα-Κάμπας dry rosé wine
κάβουρας (o) crab
καζίνο (το) casino
καθαρίζω to clean
καθαριστήριο (το) dry cleaner's
καθαρίστρια (η) cleaner
καθαρός/η/ο clean ‖ Καθαρά
Δευτέρα Ash Wednesday
κάθε every, each
καθεδρικός ναός cathedral
καθημερινά daily ‖ καθημερινά
δρομολόγια daily departures
καθημερινή (η) weekday
κάθισμα (το) seat
καθολικός/η/ο Catholic
καθόλου not at all
κάθομαι to sit
καθρέφτης (o) mirror
καθυστέρηση (η) delay
και and
Καινή Διαθήκη (η) New Testament
καΐκι (το) boat
καινούριος/α/ο new
καιρός (o) weather
καίω to burn
κακάο (το) drinking chocolate
κακία (η) malice, ill will
κακοκαιρία (η) bad weather
κακός/η/ο wicked
καλά well, all right
καλάθι (το) basket

Α	α	A
Β	β	V
Γ	γ	G
Δ	δ	D
Ε	ε	E
Ζ	ζ	Z
Η	η	I
Θ	θ	Th
Ι	ι	I
Κ	κ	K
Λ	λ	L
Μ	μ	M
Ν	ν	N
Ξ	ξ	X
Ο	ο	O
Π	π	P
Ρ	ρ	R
Σ	σ,ς	S
Τ	τ	T
Υ	υ	I
Φ	φ	F
Χ	χ	H
Ψ	ψ	Ps
Ω	ω	O

καλαμάρι **(το)** squid
καλημέρα good morning
καληνύχτα good night
καλησπέρα good evening
καλλιέργεια **(η)** cultivation
καλλιστεία **(τα)** beauty contest
καλλυντικά **(τα)** cosmetics
καλόγερος **(ο)** monk
καλόγρια **(η)** nun
καλοκαίρι **(το)** summer
καλοριφέρ **(το)** central heating; radiator
κάλος **(ο)** corn *(on foot)*
καλός/η/ο good
καλοψημένο well done *(meat)*
καλσόν **(το)** tights
κάλτσα **(η)** sock, stocking
καλύτερα better
καλώδιο **(το)** cable, lead
καμαριέρα **(η)** chambermaid
καμμιά anyone; no one *(feminine form)*
κάμνω to do
καμπάνα **(η)** bell *(church)*
καμπή **(η)** bend *(in road)*
καμπίνα **(η)** cabin
Καναδάς **(ο)** Canada
Καναδός/η Canadian *(man/
woman)*
κανάλι **(το)** canal; channel *(TV)*
κανάτα **(η)** jug
κανέλλα **(η)** cinnamon
κανένας/καμμιά/κανένα anyone;
no one
κανό **(το)** canoe
κανόνας **(ο)** rule
κάνω to do
καπαρτίνα **(η)** raincoat

A	α	A
B	β	V
Γ	γ	G
Δ	δ	D
E	ε	E
Z	ζ	Z
H	η	I
Θ	θ	Th
I	ι	I
K	κ	K
Λ	λ	L
M	μ	M
N	ν	N
Ξ	ξ	X
O	o	O
Π	π	P
P	ρ	R
Σ	σ,ς	S
T	τ	T
Y	υ	I
Φ	φ	F
X	χ	H
Ψ	ψ	Ps
Ω	ω	O

καπέλο (το) hat

καπετάνιος (ο) captain *(of ship)*

καπνίζω to smoke || μη καπνίζετε No smoking

κάπνισμα (το) smoking || απαγορεύεται το κάπνισμα No smoking

καπνιστής (ο) smoker || είδη καπνιστού tobacconist's *(shop)*

καπνοπωλείο (το) tobacconist

καπνός (ο) smoke; tobacco

καπό (το) car bonnet

κάποιος/α/ο someone

κάποτε sometimes

κάπου somewhere

καράβι (το) boat, ship

καραμέλα (η) sweet(s)

καραντίνα (η) quarantine

κάρβουνο (το) coal || στα κάρβουνα charcoal-grilled

καρδιά (η) heart || καρδιακή προσβολή heart attack

καρδιολόγος (ο/η) heart specialist

καρέκλα (η) chair

καρμπιρατέρ (το) carburettor

καρναβάλι (το) carnival

καροτσάκι (το) pushchair

καρπός (ο) fruit

καρπούζι (το) watermelon

κάρτα (η) card || κάρτα απεριόριστων διαδρομών rail card for unlimited travel || κάρτα επιβιβάσεως boarding card || καρτ-ποστάλ postcard || επαγγελματική κάρτα business card || μόνο με κάρτα cardholders only || πιστωτικές κάρτες credit cards

A	α	A
B	β	V
Γ	γ	G
Δ	δ	D
E	ε	E
Z	ζ	Z
H	η	I
Θ	θ	Th
I	ι	I
K	κ	K
Λ	λ	L
M	μ	M
N	ν	N
Ξ	ξ	X
O	ο	O
Π	π	P
P	ρ	R
Σ	σ,ς	S
T	τ	T
Y	υ	I
Φ	φ	F
X	χ	H
Ψ	ψ	Ps
Ω	ω	O

καρύδα (η) coconut
καρύδι (το) walnut
καρφί (το) nail
καρφίτσα (η) pin, brooch
καρχαρίας (ο) shark
κασέττα (η) tape *(for recording)*
κασετόφωνο (το) tape recorder
κάστανο (το) chestnut
Καστέλλι Μίνος medium dry red wine from Cyprus
κάστρο (το) castle, fortress
κατά against
καταδίκη (η) sentence *(of court)*
κατάθεση (η) deposit; statement to police || κατάθεσεις υπό προειδοποίηση deposit accounts only *(in banks)*
καταιγίδα (η) storm
καταλαβαίνω to understand
κατάλληλος/η/ο suitable
κατάλογος (ο) list; menu; directory || τηλεφωνικός κατάλογος telephone directory
καταπίνω to swallow
καταπραϋντικό (το) tranquilliser
καταρράκτης (ο) waterfall
κατασκευή (η): Ελληνικής κατασκευής made in Greece
κατασκήνωση (η) camping
κατάσκοπος (ο) spy
κατάσταση (η) condition, situation
κατάστημα (το) shop
κατάστρωμα (το) deck
καταψύκτης (ο) freezer
κατεβάζω to bring down, lower
κατεβαίνω to descend

Α	α	A
Β	β	V
Γ	γ	G
Δ	δ	D
Ε	ε	E
Ζ	ζ	Z
Η	η	I
Θ	θ	Th
Ι	ι	I
Κ	κ	K
Λ	λ	L
Μ	μ	M
Ν	ν	N
Ξ	ξ	X
Ο	ο	O
Π	π	P
Ρ	ϱ	R
Σ	σ,ς	S
Τ	τ	T
Υ	υ	I
Φ	φ	F
Χ	χ	H
Ψ	ψ	Ps
Ω	ω	O

κατεΐφι (το) a sweet made of shredded pastry stuffed with almonds

κατεπείγον, κατεπείγουσα urgent, express

κατεψυγμένος / η / ο frozen

κατηγορία (η) class (of hotel); accusation

κατηγορώ to accuse

κάτι something

κατοικία (η) residence

κατόπιν later, after

κατσαβίδι (το) screwdriver

κατσαρίδα (η) cockroach

κατσαρόλα (η) saucepan

κατσίκα (η) goat

κάτω under; lower

κατώφλι (το) threshold

καυγάς (ο) quarrel

καύσιμα (τα) fuel

καφέ brown

καφενείο (το) coffee house

καφές (ο) coffee (usually Turkish coffee) || καφές βαρύς γλυκύς very sweet coffee || καφές γλυκύς sweet coffee || καφές μέτριος medium sweet coffee || καφές σκέτος coffee without sugar || καφές στιγμιαίος instant coffee || καφές φραπέ iced coffee

καφετηρία (η) cafeteria

κέδρος (ο) cedar tree or wood

κέικ (το) cake

κ.εκ cubic capacity

κελλάρι (το) cellar

κελλί (το) cell

κενό (το) gap

κέντημα (το) embroidery

A	α	A
B	β	V
Γ	γ	G
Δ	δ	D
E	ε	E
Z	ζ	Z
H	η	I
Θ	θ	Th
I	ι	I
K	κ	K
Λ	λ	L
M	μ	M
N	ν	N
Ξ	ξ	X
O	ο	O
Π	π	P
P	ρ	R
Σ	σ,ς	S
T	τ	T
Y	υ	I
Φ	φ	F
X	χ	H
Ψ	ψ	Ps
Ω	ω	O

κεντρικός/η/ο central || κεντρική βιβλιοθήκη central library

κέντρο (το) centre; café || κέντρο αλλοδαπών aliens' centre || κέντρο διασκεδάσεως nightclub || κέντρο εισητηρίων ticket office || κέντρο πληροφόρησης νεότητος youth information centre || αθλητικό κέντρο sports centre || εξοχικό κέντρο country café || τηλεφωνικό κέντρο telephone exchange

Κεραμεικός (ο) the cemetery of Keramikos

κεράσι (το) cherry

κερασιά (η) cherry tree

κερδίζω to earn; to win

κερί (το) candle

Κέρκυρα (η) Corfu

κέρμα (το) coin

κερνώ to buy a drink

κεφαλή (η) head

κέφι (το) good humour

κεφτές (ο) meatball

κηδεία (η) funeral

κήπος (ο) garden || δημόσιος κήπος public garden || είδη κήπου garden centre || ζωολογικός κήπος zoo

κηπουρός (ο) gardener

κιάλια (τα) binoculars

κιβώτιο (το) box || κιβώτιο ταχυτήτων gearbox

κιθάρα (η) guitar

κιλό (το) kilo

κιμάς (ο) minced meat

κίνδυνος (ο) danger || κίνδυνος θάνατος extreme danger || κίνδυνος

Α	α	A
Β	β	V
Γ	γ	G
Δ	δ	D
Ε	ε	E
Ζ	ζ	Z
Η	η	I
Θ	θ	Th
Ι	ι	I
Κ	κ	K
Λ	λ	L
Μ	μ	M
Ν	ν	N
Ξ	ξ	X
Ο	ο	O
Π	π	P
Ρ	ρ	R
Σ	σ,ς	S
Τ	τ	T
Υ	υ	I
Φ	φ	F
Χ	χ	H
Ψ	ψ	Ps
Ω	ω	O

πυρκαγιάς στο δάσος fire risk (*in forest*) ‖ κώδων κινδύνου emergency signal

κινηματογράφηση (η) filming

κινηματογράφος (ο) cinema

κίνηση (η) movement; traffic

κινητήρας (ο) engine

κινώ to move

κιόλας already

κίτρινος/η/ο yellow

Κιτρό slightly sour white wine from Naxos

κλαδί (το) branch (*of tree*)

κλαίω to cry

κλάμα (το) crying

κλαξόν (το) horn (*in car*)

κλασσικός/ή/ο classical

κλέβω to steal

κλειδαρότρυπα (η) keyhole

κλειδί (το) spanner; key

κλείνω to close

κλειστός/ή/ο closed

κλέφτης (ο) thief

κληρονομώ to inherit

κλήρος (ο) the clergy

κλήση (η) summons

κλίμα (το) climate

κλινική (η) clinic

κλωστή (η) thread, cotton

κλωτσώ to kick

Κνωσσός (η) Knossos

κόβω to cut

κογχύλι (το) sea shell

κοιλάδα (η) valley

κοιλιά (η) belly, abdomen

κοιμούμαι to sleep

Α	α	A
Β	β	V
Γ	γ	G
Δ	δ	D
Ε	ε	E
Ζ	ζ	Z
Η	η	I
Θ	θ	Th
Ι	ι	I
Κ	κ	K
Λ	λ	L
Μ	μ	M
Ν	ν	N
Ξ	ξ	X
Ο	ο	O
Π	π	P
Ρ	ρ	R
Σ	σ,ς	S
Τ	τ	T
Υ	υ	I
Φ	φ	F
Χ	χ	H
Ψ	ψ	Ps
Ω	ω	O

κοινό (το) public

κοινοβούλιο (το) parliament

κοινωνία (η) society

κοινωνικός/η/ο social ||
κοινωνικές ασφαλίσεις national
insurance

κοιτάζω to look at

κόκκαλο (το) bone

Κοκκινέλι sweet red wine

κόκκινος/η/ο red

κοκορέτσι (το) stuffed lamb entrails
roasted on the spit

κόλαση (η) hell

κολατσιό (το) snack

κολοκυθάκι (το) courgette

κολοκύθι (το) marrow

κόλπος (ο) gulf

κολύμπι (το) swimming

κολυμπώ to swim

κολώνα (η) pillar

κόμμα (το) political party

κομμάτι (το) piece

κομμωτήριο (το) hairdresser's

κομμωτής/τρια hair stylist

κομπολόι (το) string of beads

κομπόστα (η) stewed fruit

κομψός/η/ο smart

κονιάκ (το) brandy

κονσέρβα (η) tinned food

κονσέρτο (το) concert

κοντά near

κοντός/η/ο short

κοπέλλα (η) young woman

κόπος (ο) trouble

κορδέλλα (η) ribbon

κόρη (η) daughter

A	α	A
B	β	V
Γ	γ	G
Δ	δ	D
E	ε	E
Z	ζ	Z
H	η	I
Θ	θ	Th
I	ι	I
K	κ	K
Λ	λ	L
M	μ	M
N	ν	N
Ξ	ξ	X
O	o	O
Π	π	P
P	ρ	R
Σ	σ,ς	S
T	τ	T
Y	υ	I
Φ	φ	F
X	χ	H
Ψ	ψ	Ps
Ω	ω	O

Κόρινθος (η) Corinth
κορίτσι young girl
κόσμημα (το) jewellery || **κοσμήματα** jeweller's
κόσμος (ο) people
κοστούμι man's suit
κότα (η) hen
κοτολέτα (η) chop
κοτόπουλο (το) chicken
κουβαλώ to carry
κουβάς (ο) bucket
κουβέντα (η) chat
κουβέρτα (η) blanket
κουδούνι (το) bell
κουζίνα (η) kitchen
κουκουβάγια (η) owl
κουκούτσι (το) pip, stone *(fruit)*
κουμπί (το) button
κουμπότρυπα (η) buttonhole
κούνια (η) swing; crib
κουνέλι (το) rabbit
κουνούπι (το) mosquito
κουνουπίδι (το) cauliflower
κουνώ to move, shake
κουπί (το) oar
κουράζομαι to get tired
κουρασμένος/η/ο tired
κουρείο (το) barber's shop
κουρτίνα (η) curtain || **κουρτινόξυλο** (το) curtain rail
κουταλάκι (το) teaspoon
κουτάλι (το) spoon
κουτί (το) box
κουτός/η/ο silly
κουφός/η/ο deaf
κραγιόν (το) lipstick

Α	α	A
Β	β	V
Γ	γ	G
Δ	δ	D
Ε	ε	E
Ζ	ζ	Z
Η	η	I
Θ	θ	Th
Ι	ι	I
Κ	κ	K
Λ	λ	L
Μ	μ	M
Ν	ν	N
Ξ	ξ	X
Ο	ο	O
Π	π	P
Ρ	ρ	R
Σ	σ,ς	S
Τ	τ	T
Υ	υ	I
Φ	φ	F
Χ	χ	H
Ψ	ψ	Ps
Ω	ω	O

κρασί (το) wine || κρασί γλυκό sweet wine || κρασί ερυθρό red wine || κρασί λευκό white wine || κρασί μαύρο red wine || κρασί ξηρό dry wine || κρασί ροζέ rosé wine

κράτος (το) state

κρατώ to hold, book

κρατήσεις (οι) bookings, reservations

κράτηση (η): κράτηση θέσης booking a seat || κρατήσεις ξενοδοχείων hotel bookings || υπό κράτηση in custody

κρέας (το) meat || κρέας αρνίσιο lamb

κρεββάτι (το) bed

κρεββατοκάμαρα (η) bedroom

κρέμα (η) cream || κρέμα σαντιγύ real cream

κρεμάστρα (η) coat hanger

κρεμμύδι (το) onion

κρεοπωλείο (το) butcher's shop

κρεοπώλης (ο) butcher

Κρήτη (η) Crete

κρίμα (το) pity

κρουαζιέρα (η) cruise

κρουασάν (το) croissant

κρύβω to hide

κρύος/α/ο cold || κάνει κρύο it's cold

κρύσταλλο (το) crystal

κρυφά secretly

κρυώνω to feel cold

κτηνιατρείο (το) veterinary surgery

κτίζω to build

κτίριο (το) building

κτυπώ to strike

κυβέρνηση (η) government

κυβερνήτης (ο) captain *(of aircraft)*

Α	α	A
Β	β	V
Γ	γ	G
Δ	δ	D
Ε	ε	E
Ζ	ζ	Z
Η	η	I
Θ	θ	Th
Ι	ι	I
Κ	κ	K
Λ	λ	L
Μ	μ	M
Ν	ν	N
Ξ	ξ	X
Ο	ο	O
Π	π	P
Ρ	ρ	R
Σ	σ,ς	S
Τ	τ	T
Υ	υ	I
Φ	φ	F
Χ	χ	H
Ψ	ψ	Ps
Ω	ω	O

κυβικά εκατοστά cubic capacity
κυδώνι (το) quince
Κυκλάδες (οι) Cyclades
κύκλος (ο) circle
κυκλοφορία (η) traffic; circulation ‖ κυκλοφορία εξ αντιθέτου κατευθύνσεως oncoming traffic ‖ κυκλοφορία επί μίας λωρίδος merge (*traffic*)
κυλικείο (το) cafeteria
κύλινδρος (ο) cylinder
κυλιόμενες κλίμακες/σκάλες escalators
κύμα (το) wave
κυνήγι (το) game, shooting
κυνηγώ to hunt, chase
Κύπρος (η) Cyprus
κυρία (η) Mrs; lady
Κυριακή (η) Sunday
κύριος (ο) Mr; gentleman
κυττάζω to look
κώδικας (ο) code ‖ κώδικας οδικής κυκλοφορίας highway code ‖ ταχυδρομικός κώδικας post code ‖ τηλεφωνικός κώδικας dialling code
κώδων (ο) bell
κωμωδία (η) comedy
Κως (η) Kos

Λ

λαγός (ο) hare
λάδι (το) oil
λάθος (το) mistake
λαθρεμπόριο (το) smuggling

Α	α	A
Β	β	V
Γ	γ	G
Δ	δ	D
Ε	ε	E
Ζ	ζ	Z
Η	η	I
Θ	θ	Th
Ι	ι	I
Κ	κ	K
Λ	λ	L
Μ	μ	M
Ν	ν	N
Ξ	ξ	X
Ο	ο	O
Π	π	P
Ρ	ϱ	R
Σ	σ,ς	S
Τ	τ	T
Υ	υ	I
Φ	φ	F
Χ	χ	H
Ψ	ψ	Ps
Ω	ω	O

λαϊκός/η/ο of the people, popular || λαϊκή μουσική popular music || λαϊκή τέχνη folk art

λαιμός (ο) throat

λαός (ο) the people

Λάρισα (η) Larisa

λάσπη (η) mud

λαστιχάκι (το) elastic band

λάστιχο (το) tyre; rubber; elastic

λατέρνα (η) barrel organ

λαχανικά (τα) vegetables

λαχείο (το) lottery || κρατικό λαχείο state lottery

λέγω to say

λειβάδι (το) meadow

λείπω to be absent

λειτουργία (η) function; mass (*in church*)

λειτουργώ to function, operate

λεκές (ο) stain

λέμβος (η) lifeboat

λεμονάδα (η) lemon squash

λεμόνι (το) lemon || χυμός λεμονιού lemon juice

λεμονιά (η) lemon tree

λέξη (η) word

λεξικό (το) dictionary

λεπτό (το) minute

λεπτός/η/ο thin, fine

Λέσβος (η) Lesbos

λέσχη (η) club || Ελληνική Λέσχη Αυτοκινήτου και Περιηγήσεων Automobile and Touring Club of Greece

λευκός/η/ο white || λευκά είδη household linen

λεφτά (τα) money

λέω to say

Α	α	A
Β	β	V
Γ	γ	G
Δ	δ	D
Ε	ε	E
Ζ	ζ	Z
Η	η	I
Θ	θ	Th
Ι	ι	I
Κ	κ	K
Λ	λ	L
Μ	μ	M
Ν	ν	N
Ξ	ξ	X
Ο	ο	O
Π	π	P
Ρ	ρ	R
Σ	σ,ς	S
Τ	τ	T
Υ	υ	I
Φ	φ	F
Χ	χ	H
Ψ	ψ	Ps
Ω	ω	O

λύω

λεωφορείο (το) bus
λεωφόρος (η) avenue
Λήμνος (η) Lemnos
λήξη (η) expiry
λησμονώ to forget
ληστεία (η) robbery
λιακάδα (η) sunshine
λιανικός/η/ο retail ‖ λιανική
 πώληση retail sale
λίγος/η/ο a few, a little ‖ λίγο
 ψημένο rare (*meat*)
λιθρίνι (το) grey mullet
λικέρ (το) liqueur
λιμάνι (το) port, harbour
Λιμενικό Σώμα, Άμεση Επέμβαση
 coastguard
λιμήν (ο) port
λίμνη (η) lake
λίπανση (η) lubrication service
λιποθυμία (η) faint(ing)
λίρα (η) pound ‖ Αγγλική λίρα pound
 sterling
λίτρο (το) litre
λογαριασμός (ο) bill ‖ διπλότυπος
 λογαριασμός duplicate bill
λογιστής (ο) accountant
λουκάνικο (το) sausage
λουκανόπιττα (η) sausage pie
λουκούμι (το) Turkish delight
λουλούδι (το) flower
λουτρό (το) bathroom; bath
λυόμενα (τα) prefabricated buildings
λύπη (η) sorrow
λυπούμαι to be sorry
λύσσα (η) rabies
λύω to solve; to undo

Α	α	A
Β	β	V
Γ	γ	G
Δ	δ	D
Ε	ε	E
Ζ	ζ	Z
Η	η	I
Θ	θ	Th
Ι	ι	I
Κ	κ	K
Λ	λ	L
Μ	μ	M
Ν	ν	N
Ξ	ξ	X
Ο	ο	O
Π	π	P
Ρ	ρ	R
Σ	σ,ς	S
Τ	τ	T
Υ	υ	I
Φ	φ	F
Χ	χ	H
Ψ	ψ	Ps
Ω	ω	O

M

μα but
μαγαζί **(το)** shop
μαγειρεύω to cook
μαγιό **(το)** swimsuit
μαγνητόφωνο **(το)** tape recorder
μάγουλο **(το)** cheek
μαέστρος **(ο)** conductor *(of an orchestra)*
μαζεύω to gather
μαζί together
μαθαίνω to learn
μάθημα **(το)** lesson
μαθητής/τρια pupil
Μάιος **(ο)** May
μαϊντανός **(ο)** parsley
μακαρόνια **(τα)** macaroni ‖ μακαρόνια
παστίτσιο macaroni with minced meat
and white sauce
μακριά a long way away
Μαλβοίσια red wine from Sparta
μάλιστα yes
μαλλί **(το)** wool
μαλλιά **(το)** hair
μάλλινος/η/ο woollen
μαμά **(η)** mum
μανίκι **(το)** sleeve
μανιτάρι **(το)** mushroom
μανταρίνι **(το)** tangerine
μαντήλι **(το)** handkerchief
Μαντηνίας medium dry white wine
μαξιλάρι **(το)** pillow, cushion
Μαραθών/νας **(ο)** Marathon
μαργαρίνη **(η)** margarine

Α	α	A
Β	β	V
Γ	γ	G
Δ	δ	D
Ε	ε	E
Ζ	ζ	Z
Η	η	I
Θ	θ	Th
Ι	ι	I
Κ	κ	K
Λ	λ	L
Μ	μ	M
Ν	ν	N
Ξ	ξ	X
Ο	ο	O
Π	π	P
Ρ	ρ	R
Σ	σ,ς	S
Τ	τ	T
Υ	υ	I
Φ	φ	F
Χ	χ	H
Ψ	ψ	Ps
Ω	ω	O

μαργαριτάρι (το) pearl
μαρέγγα (η) meringue
μάρκα (η) make *(of product)*
μάρμαρο (το) marble
μαρμελάδα (η) marmalade
μαρούλι (το) lettuce
Μάρτιος (ο) March
μάτι (το) eye
ματώνω to bleed
Μαυροδάφνη sweet red dessert wine
μαύρος/η/ο black
μαχαίρι (το) knife
μαχαιροπήρουνα (τα) cutlery
μάχη (η) battle, fight
με with
μεγάλος/η/ο large, big
μεγαλώνω to grow up; to bring up
μέγαρο (το) palace; *large building containing apartments and flats*
μέγεθος (το) size
μεζεδάκια (τα) selection of appetisers and salads served as starter
μεθαύριο the day after tomorrow
μεθύσι (το) drunkenness
μεθυσμένος/η/ο drunk
μέλι (το) honey
μέλισσα (η) bee
μελιτζάνα (η) aubergine
μέλος (το) member ‖ τα μέλη του πληρώματος crew members
μενού (το) menu
μέρα (η) day
μερίδα (η) portion
μέσα in, inside
μεσάνυχτα (τα) midnight
μεσημέρι (το) midday

Α	α	A
Β	β	V
Γ	γ	G
Δ	δ	D
Ε	ε	E
Ζ	ζ	Z
Η	η	I
Θ	θ	Th
Ι	ι	I
Κ	κ	K
Λ	λ	L
Μ	μ	M
Ν	ν	N
Ξ	ξ	X
Ο	ο	O
Π	π	P
Ρ	ρ	R
Σ	σ,ς	S
Τ	τ	T
Υ	υ	I
Φ	φ	F
Χ	χ	H
Ψ	ψ	Ps
Ω	ω	O

Μεσόγειος (η) Mediterranean Sea
Μεσολόγγι (το) Messolongi
μέσω via
μετά after
μεταχόμιση (η) moving house
μεταλλικός/η/ο metal
μέταλλο (το) metal
μετάξι (το) silk
μεταξύ between, among || εν τω μεταξύ
meanwhile
μετασχηματιστής (ο) adaptor
μεταφέρω to transport
μεταφράζω to translate
μεταχειρισμένος/η/ο used,
second-hand || μεταχειρισμένα
αυτοκίνητα second-hand cars
Μετέωρα (τα) the monasteries of
Meteora
μετεωρολογικός σταθμός weather
centre
μετρητά (τα) cash
μέτριος/α/ο medium
μετρό (το) underground *(railway)*
μετρώ to count
μέτωπο (το) forehead
μέχρι until
μη do not || μη καπνίζετε no smoking
|| μη κόπτετε άνθη do not pick flowers
|| μη πατάτε το πράσινο keep off
the grass || μη ρίπτετε σκουπίδια no
dumping *(of rubbish)* || μη σταθμεύετε
no parking || μη στηρίζεστε στην
πόρτα do not lean against the door
μηδέν zero
μηλιά (η) apple tree
μήλο (το) apple

Α	α	A
Β	β	V
Γ	γ	G
Δ	δ	D
Ε	ε	E
Ζ	ζ	Z
Η	η	I
Θ	θ	Th
Ι	ι	I
Κ	κ	K
Λ	λ	L
Μ	μ	M
Ν	ν	N
Ξ	ξ	X
Ο	ο	O
Π	π	P
Ρ	ρ	R
Σ	σ,ς	S
Τ	τ	T
Υ	υ	I
Φ	φ	F
Χ	χ	H
Ψ	ψ	Ps
Ω	ω	O

μηλόπιττα (η) apple pie
Μήλος (η) Melos
μήνας (ο) month ‖ μήνας του μέλιτος honeymoon
μητέρα (η) mother
μητυιά (η) stepmother
μητρυιός (ο) stepfather
μηχανή (η) machine; engine ‖ φορητή μηχανή portable camera
μηχανικός (ο) mechanic, engineer
μια a, an; one *(with feminine nouns)*
μίζα (η) starter *(in car)*
μικρός / η / ο small, little
μιλώ to speak
μισθός (ο) wage
μισός / η / ο half
μίσος (το) hatred
μνήμα (το) grave
μόδα (η) fashion ‖ ανδρική μόδα fashions for men
μοιράζω to share
μολύβι (το) pencil
μόλυνση (η) infection
μοναστήρι (το) monastery
μονόδρομος (ο) one-way street
μονοπάτι (το) path
μόνος / η / ο alone, only ‖ μόνο είσοδος / έξοδος entrance / exit only
μονός / η / ο single
Μόντε Χρήστος sweet red Cyprus wine
μοσχάρι (το) calf; veal ‖ μοσχάρι κρασάτο veal cooked in wine ‖ μοσχάρι ψητό roast veal
Μοσχάτο dark red dessert wine with a muscatel flavour

Α	α	A
Β	β	V
Γ	γ	G
Δ	δ	D
Ε	ε	E
Ζ	ζ	Z
Η	η	I
Θ	θ	Th
Ι	ι	I
Κ	κ	K
Λ	λ	L
Μ	μ	M
Ν	ν	N
Ξ	ξ	X
Ο	ο	O
Π	π	P
Ρ	ρ	R
Σ	σ, ς	S
Τ	τ	T
Υ	υ	I
Φ	φ	F
Χ	χ	H
Ψ	ψ	Ps
Ω	ω	O

μοτοσυκλέτα (η) motorcycle

μου my || το παλτό μου my coat

μουσείο (το) museum || Αρχαιολογικό Μουσείο Archaeological Museum || Μουσείο Λαϊκής Τέχνης Folk Museum

μουσική (η) music || μουσικά όργανα musical instruments

μουσκεύω to get wet

μουστάκι (το) moustache

μουστάρδα (η) mustard

μπαίνω to enter

μπακάλης (ο) grocer

μπακλαβάς (ο) a sweet made of flaky pastry stuffed with almonds and syrup

μπαλκόνι (το) balcony

μπάμια (η) okra

μπαμπάς (ο) dad

μπανάνα (η) banana

μπάνιο (το) bathroom; bath

μπαρμπούνι (το) red mullet

μπαταρία (η) battery

μπαχαρικά (τα) spices

μπέικον (το) bacon

μπιζού (τα) costume jewellery

μπιζέλι (το) pea

μπισκότο (το) biscuit

μπιφτέκι (το) steak

μπλε dark blue

μπλούζα (η) blouse

μπόρα (η) shower *(of rain)*

μπορώ to be able to

μπουζούκι (το) bouzouki

μπουκάλα (η) bottle || μπουκάλα μεγάλη large bottle μικρή μπουκάλα half bottle

μπουρνούζι (το) bathrobe

A	α	A
B	β	V
Γ	γ	G
Δ	δ	D
E	ε	E
Z	ζ	Z
H	η	I
Θ	θ	Th
I	ι	I
K	κ	K
Λ	λ	L
M	μ	M
N	ν	N
Ξ	ξ	X
O	ο	O
Π	π	P
P	ρ	R
Σ	σ,ς	S
T	τ	T
Y	υ	I
Φ	φ	F
X	χ	H
Ψ	ψ	Ps
Ω	ω	O

Μπουτάρη dry red wine from Naoussa	Α α	A
μπράβο bravo	Β β	V
μπιζόλα (η) chop	Γ γ	G
μπροστά in front		
μπρούντζος (ο) brass	Δ δ	D
Μπρούσικο dry red wine from Southern	Ε ε	E
Greece		
μπύρα (η) beer	Ζ ζ	Z
μυαλό (το) brain	Η η	I
μύγα (η) fly (insect)		
μυθολογία (η) mythology	Θ θ	Th
μύθος (ο) myth		
Μυκήναι/ες (οι) Mycenae	Ι ι	I
Μύκονος (η) Mykonos	Κ κ	K
μυρμήγκι (το) ant		
μυστικό (το) secret	Λ λ	L
Μυστράς (ο) Mistras	Μ μ	M
μύτη (η) nose		
Μυτιλήνη (η) Mytilini	Ν ν	N
μωρό (το) baby ‖ για μωρά for babies	Ξ ξ	X
μωσαϊκό (το) mosaic		
	Ο ο	O
	Π π	P

N

να to, in order to	Ρ ρ	R
ναι yes	Σ σ,ς	S
Νάξος (η) Naxos	Τ τ	T
ναός (ο) temple, church ‖ καθεδρικός		
ναός cathedral	Υ υ	I
ναρκωτικά (τα) drugs	Φ φ	F
ναύλα (το) fare		
νάυλον nylon	Χ χ	H
ναυλωμένος/η/ο chartered ‖	Ψ ψ	Ps
ναυλωμένη πτήση charter flight		
ναύτης (ο) sailor	Ω ω	O

ναυτία (η) travel sickness
ναυτικός όμιλος sailing club
ναυτιλιακά yacht chandler
νεκρός / η / ο dead
νεκροταφείο (το) cemetery
Νεοελληνικά (τα) Modern Greek
νεολαία (η) youth
νέος / α / ο new; young
νερό (το) water || επιτραπέζιο νερό
still mineral water || μεταλλικό νερό
sparkling mineral water || πόσιμο νερό
drinking water
νέσκαφε (το) instant coffee
νευρικό σύστημα nervous system
νεύρο (το) nerve
νέφος (το) cloud
νεφρό (το) kidney
νεωτερισμός (ο) improvement; novelty
|| κατάστημα νεωτερισμού novelties;
fashions
νηπιαγωγείο (το) nursery school
νησί (το) island
νησίδα (η) traffic island, central
reservation
νίκη (η) victory
Νοέμβριος (ο) November
νοίκι (το) rent
νομαρχία (η) administration offices of
a nomos
νομίζω to think
νόμιμος / η / ο legal
νόμισμα (το) coin || επιστροφή
νομισμάτων returned coins
νομισματοδέκτης (ο) coin-operated
telephone || αστικός νομισματοδέκτης
coin-operated phone for local calls ||

A	α	A
B	β	V
Γ	γ	G
Δ	δ	D
E	ε	E
Z	ζ	Z
H	η	I
Θ	θ	Th
I	ι	I
K	κ	K
Λ	λ	L
M	μ	M
N	ν	N
Ξ	ξ	X
O	ο	O
Π	π	P
P	ρ	R
Σ	σ,ς	S
T	τ	T
Y	υ	I
Φ	φ	F
X	χ	H
Ψ	ψ	Ps
Ω	ω	O

|| υπεραστικός νομισματοδέκτης coin-operated phone for trunk calls

νόμος (ο) law

νομός (ο) nomos, Greek administrative unit

νονός/α godfather/godmother

νοσοκομείο (το) hospital

νοσοκόμος/α nurse

νόστιμος/η/ο tasty, attractive

νότιος/α/ο southern

νότος (ο) south

νους (ο) mind

ντολμαδάκια (τα) stuffed vine leaves

ντομάτα (η) tomato

ντουζίνα (η) dozen

ντουλάπα (η) wardrobe

ντουλάπι (το) cupboard

ντους (το) shower *(in bath)*

νωρίς early

νωρίτερα earlier

ντρέπομαι to be shy; to be ashamed

ντυμένος/η/ο dressed

νύχτα (η) night

νυχτερινός/η/ο all-night *(chemist's etc)*

νυστάζω to feel sleepy

νύφη (η) sister-in-law; bride; daughter-in-law

νύχι (το) nail *(on finger)*

νύχτα (η) night

νυχτερίδα (η) bat *(animal)*

νυχτικό (το) nightdress

Ξ

ξάδερφος/η cousin

Α	α	A
Β	β	V
Γ	γ	G
Δ	δ	D
Ε	ε	E
Ζ	ζ	Z
Η	η	I
Θ	θ	Th
Ι	ι	I
Κ	κ	K
Λ	λ	L
Μ	μ	M
Ν	ν	N
Ξ	ξ	X
Ο	ο	O
Π	π	P
Ρ	ρ	R
Σ	σ,ς	S
Τ	τ	T
Υ	υ	I
Φ	φ	F
Χ	χ	H
Ψ	ψ	Ps
Ω	ω	O

ξανά again	A	α	A
ξαναλέω to repeat	B	β	V
ξανθός/η/ο blond	Γ	γ	G
ξαπλώνω to lie down	Δ	δ	D
ξαφνικά suddenly	E	ε	E
ξεγελώ to deceive	Z	ζ	Z
ξεκινώ to start, set off	H	η	I
ξεναγός (ο/η) guide	Θ	θ	Th
ξενοδοχείο (το) hotel ‖ κρατήσεις ξενοδοχείων hotel reservations	I	ι	I
ξένος/η/ο strange, foreign ‖ ξένος/η stranger, foreigner; visitor	K	κ	K
ξενώνας (ο) guest house	Λ	λ	L
ξεπερνώ to surpass	M	μ	M
ξεπούλημα (το) sale	N	ν	N
ξέρω to know	Ξ	ξ	X
ξεσκεπάζω to uncover	O	ο	X
ξεχνώ to forget	Π	π	P
ξεχωρίζω to separate	P	ρ	R
ξηρά (η) dry land	Σ	σ,ς	S
ξηρός/η/ο dry ‖ ξηροί καρποί dried fruits	T	τ	T
ξινός/η/ο sour	Y	υ	I
ξιφίας (ο) swordfish	Φ	φ	F
ξύδι (το) vinegar	X	χ	H
ξύλο (το) wood	Ψ	ψ	Ps
ξυπνητήρι (το) alarm clock	Ω	ω	O
ξυπνώ to wake up, rouse
ξύρισμα (το) shaving
ξυριστική μηχανή (η) safety razor

O

o the (*with masculine nouns*)
ογδόντα eighty

όγδοος/η/ο eighth

οδηγία (η) instruction ‖ οδηγίες χρήσεως instructions for use

οδηγός (ο) driver; guidebook ‖ σήμα στον οδηγό signal to the driver *("stop" button in bus)*

οδηγώ to drive

οδική βοήθεια breakdown service

οδοντιατρείο (το) dental surgery

οδοντίατρος, οδοντογιατρός (ο/η) dentist

οδοντόπαστα (η) toothpaste

οδοντοστοιχία (η) denture(s)

οδός (η) road, street

Οθέλλος medium dry red wine from Cyprus

οθόνη (η) screen

οικογένεια (η) family

οικονομική θέση economy class

οικόπεδο (το) plot of land

οίκος (ο) house ‖ οίκος μόδας fashion house ‖ οπτικός οίκος optician

οινομαγειρείον (το) licensed restaurant

οινοπνευματώδη ποτά spirits

οίνος (ο) wine

οκταπόδι (το) octopus

οκτώ eight

Οκτώβριος (ο) October

όλα everything

ολισθηρόν οδόστρωμα slippery road surface

όλος/η/ο all of, the whole of

Ολυμπία (η) Olympia

Ολυμπιακή (η), Ολυμπιακές Αερογραμμές Olympic Airways

Ολυμπιακό Στάδιο Olympic stadium

A	α	A
B	β	V
Γ	γ	G
Δ	δ	D
E	ε	E
Z	ζ	Z
H	η	I
Θ	θ	Th
I	ι	I
K	κ	K
Λ	λ	L
M	μ	M
N	ν	N
Ξ	ξ	X
O	o	O
Π	π	P
P	ϱ	R
Σ	σ,ς	S
T	τ	T
Y	υ	I
Φ	φ	F
X	χ	H
Ψ	ψ	Ps
Ω	ω	O

Ολυμπιακοί Αγώνες Olympic games

Όλυμπος (ο) Mount Olympus

ομάδα (η) team, group

ομελέτα (η) omelette

ομιλία (η) talk, speech

όμιλος (ο) club ǁ ναυτικός όμιλος sailing club

ομίχλη (η) fog

ομολογώ to admit, confess

Ομόνοια (η) Omonia Square (*in Athens*)

ομορφιά (η) beauty

ομπρέλλα (η) umbrella

όμως but

όνειρο (το) dream

όνομα (το) name

ονοματεπώνυμο (το) full name

όπερα (η) opera

οπτικός οίκος optician

όπως like, as

οπωσδήποτε definitely

οργανισμός (ο) organisation ǁ Οργανισμός Σιδηροδρόμων Ελλάδος Greek Railways ǁ Οργανισμός Τηλεπικοινωνιών Ελλάδος Greek Telecommunications

οργανώνω to organise

οργανωμένος/η/ο organised ǁ οργανωμένα ταξίδια organised tours

ορεκτικό (το) starter, appetiser

όρεξη (η) appetite ǁ καλή όρεξη enjoy your meal!

ορθά right

ορθόδοξος/η/ο orthodox

ορκίζομαι to swear

όρκος (ο) oath

Α	α	A
Β	β	V
Γ	γ	G
Δ	δ	D
Ε	ε	E
Ζ	ζ	Z
Η	η	I
Θ	θ	Th
Ι	ι	I
Κ	κ	K
Λ	λ	L
Μ	μ	M
Ν	ν	N
Ξ	ξ	X
Ο	ο	O
Π	π	P
Ρ	ρ	R
Σ	σ,ς	S
Τ	τ	T
Υ	υ	I
Φ	φ	F
Χ	χ	H
Ψ	ψ	Ps
Ω	ω	O

όρος (ο) condition ‖ **όροι ενοικιάσεως** conditions of hire

όρος (το) mountain

όροφος (ο) floor, storey

όσο as

όταν when

ΟΤΕ = Οργανισμός Τηλεπικοινωνιών Ελλάδος

Ουαλία (η) Wales

ουδείς / ουδεμία / ουδέν nobody, no one; nothing ‖ **ουδέν προς δήλωση** nothing to declare

ουδέποτε never

ούζο (το) ouzo, aniseed-flavoured spirit

ουρά (η) tail; queue

ουρανός (ο) sky

ουρολόγος (ο) urologist

οφθαλμίατρος, οφθαλμολόγος (ο) eye specialist

οχταπόδι (το) octopus

όχημα (το) vehicle

όχθη (η) bank *(of river)*

όχι no

Π

παγάκι (το) ice cube

παγίδα (η) trap

παγιδάκι (το) lamb chop

πάγκος (ο) bench

πάγος (ο) ice

παγωμένος / η / ο frozen ‖ **μία μπύρα παγωμένη** one cold beer

παγωτό (το) ice cream

παζαρεύω to haggle

Α	α	A
Β	β	V
Γ	γ	G
Δ	δ	D
Ε	ε	E
Ζ	ζ	Z
Η	η	I
Θ	θ	Th
Ι	ι	I
Κ	κ	K
Λ	λ	L
Μ	μ	M
Ν	ν	N
Ξ	ξ	X
Ο	ο	O
Π	π	P
Ρ	ρ	R
Σ	σ, ς	S
Τ	τ	T
Υ	υ	I
Φ	φ	F
Χ	χ	H
Ψ	ψ	Ps
Ω	ω	O

παιγνίδι (το) game, toy
παιδί (το) child
παιδίατρος (ο/η) paediatrician
παιδικός/ή/ο for children ||
  παιδικά children's wear || παιδικός
  σταθμός crèche || παιδικά σωσίβια
  children's life jackets
παίζω to play
πακέτο (το) parcel, packet
παλάτι (το) palace
πάλι again
παλιός/α/ο old
Παλλήνη white wine from Attica
παλτό (το) coat
πάνα (η) nappy
Παναγία (η) the Virgin Mary
πανδοχείο (το) inn
πανεπιστήμιο (το) university
πανήγυρις (η) festivity, fair
πανσιόν (η) guesthouse
πάντα always
παντελόνι (το) trousers
παντοπωλείο (το) grocer's
πάντοτε always
παντού everywhere
παντόφλες (οι) slippers
πάνω on, upper
παξιμάδι (το) nut *(for bolt)*
παπάς (ο) priest
Πάπας (ο) Pope
πάπια (η) duck
παπάκι (το) duckling
πάπλωμα (το) duvet
παππούς (ο) grandfather
παπούτσι (το) shoe
παραβιάζω to violate, break *(law)*

Α	α	A
Β	β	V
Γ	γ	G
Δ	δ	D
Ε	ε	E
Ζ	ζ	Z
Η	η	I
Θ	θ	Th
Ι	ι	I
Κ	κ	K
Λ	λ	L
Μ	μ	M
Ν	ν	N
Ξ	ξ	X
Ο	ο	O
Π	π	P
Ρ	ϱ	R
Σ	σ,ς	S
Τ	τ	T
Υ	υ	I
Φ	φ	F
Χ	χ	H
Ψ	ψ	Ps
Ω	ω	O

Greek word	Definition			
παραγγελία (η) order, message	A	α	A
παραγωγή (η) production || Ελληνικής	B	β	V
παραγωγής produce of Greece			
παράδειγμα (το) example	Γ	γ	G
παράδεισος (ο) heaven	Δ	δ	D
παράδοση (η) delivery; tradition			
παραθαλάσσιος/α/ο by the sea,	E	ε	E
coastal			
παράθυρο (το) window	Z	ζ	Z
παραίτηση (η) resignation	H	η	I
παραιτώ to resign, give up			
παρακαλώ please	Θ	θ	Th
παρακαμπτήριος diversion	I	ι	I
παραλαβή (η) collection	K	κ	K
παραλία (η) seashore			
παραμάνα (η) safety pin	Λ	λ	L
παραμελώ to neglect			
παράνομος/η/ο illegal	M	μ	M
παράξενα strangely	N	ν	N
παράπονο (το) complaint			
Παρασκευή (η) Friday	Ξ	ξ	X
παράσταση (η) performance	O	ο	O
παράταση (η) extension			
παρατηρώ to observe	Π	π	P
παρέα (η) company	P	ρ	R
παρεξήγηση (η) misunderstanding			
παρηγοριά (η) comfort, consolation	Σ	σ,ς	S
παρθένος (η) virgin	T	τ	T
Παρθενών/ώνας (ο) the Parthenon			
πάρκο (το) park	Y	υ	I
παρμπρίζ (το) windscreen	Φ	φ	F
Παρνασσός (ο) Mount Parnassus			
παρόμοιος/α/ο similar	X	χ	H
Πάρος (η) Paros	Ψ	ψ	Ps
παρουσία (η) presence			
παρουσιάζω to present	Ω	ω	O

πάστα (η) pastry
παστέλι (το) honey and sesame seed bar
Πάσχα (το) Easter
πατάτα (η) potato ‖ πατάτες πουρέ creamed potatoes ‖ πατάτες τηγανιτές chips ‖ πατάτες φούρνου roast potatoes
πατέρας (ο) father
Πάτμος (η) Patmos
Πάτραι/ες (οι) Patras
πατώ to step ‖ μη πατάτε το πράσινο keep off the grass
πάτωμα (το) floor
παυσίπονο (το) painkiller
παύω to cease
πάω to go
πεδιάδα (η) plain
πέδιλα (τα) sandals
πεζοδρόμιο (το) pavement
πεζόδρομος (ο) pedestrian area
πεζός (ο) pedestrian
πεθερά (η) mother-in-law
πεθερός (ο) father-in-law
πείνα (η) hunger
πεινώ to be hungry
πείρα (η) experience
πείραμα (το) experiment
Πειραιάς, Πειραιεύς (ο) Piraeus
πείσμα (το) obstinacy
πελάτης/τρια customer
Πελοπόννησος (η) Peloponnese
Πέμπτη (η) Thursday
πέμπτος/η/ο fifth
πέννα (η) pen
πενήντα fifty
πέντε five

Α	α	A
Β	β	V
Γ	γ	G
Δ	δ	D
Ε	ε	E
Ζ	ζ	Z
Η	η	I
Θ	θ	Th
Ι	ι	I
Κ	κ	K
Λ	λ	L
Μ	μ	M
Ν	ν	N
Ξ	ξ	X
Ο	ο	O
Π	π	P
Ρ	ϱ	R
Σ	σ,ς	S
Τ	τ	T
Υ	υ	I
Φ	φ	F
Χ	χ	H
Ψ	ψ	Ps
Ω	ω	O

Πεντέλη medium dry red wine

Πεντελικός (ο) Mount Pentelikos

πεπόνι (το) melon

πέρδικα (η) partridge

περηφάνεια (η) pride

περιβόλι (το) orchard

περιγιάλι (το) seashore

περιγραφή (η) description

περιέργεια (η) curiosity

περιεχόμενο (το) content(s)

περιμένω to wait

περιοδικό (το) magazine

περίοδος (η) period

περιουσία (η) property

περιοχή (η) area ‖ **περιοχή με απαγορευτική ένδειξη** no smoking area

περίπατος (ο) walk

περιποίηση (η) looking after, care

περίπου nearly, almost

περίπτερο (το) kiosk

περισσότερο more

περιστέρι (το) pigeon, dove

περιφρονώ to despise

περνώ to pass; to cross the road

περπατώ to walk

πέρι(υ)σι last year

πεταλούδα (η) butterfly

πετονιά (η) fishing/butterfly net

πέτρα (η) stone

πετρέλαιο (το) oil, diesel fuel

πετσέτα (η) napkin, towel

πετώ to fly; to throw out

πεύκο (το) pine tree

πέφτω to fall

πηγάδι (το) well (*for water*)

πηγαίνω to go

Α	α	A
Β	β	V
Γ	γ	G
Δ	δ	D
Ε	ε	E
Ζ	ζ	Z
Η	η	I
Θ	θ	Th
Ι	ι	I
Κ	κ	K
Λ	λ	L
Μ	μ	M
Ν	ν	N
Ξ	ξ	X
Ο	ο	O
Π	π	P
Ρ	ρ	R
Σ	σ,ς	S
Τ	τ	T
Υ	υ	I
Φ	φ	F
Χ	χ	H
Ψ	ψ	Ps
Ω	ω	O

πηγούνι (το) chin
πηδώ to jump
πήλινος/η/ο (of) clay
πηρούνι (το) fork
πιάτο (το) plate
πιέζω to press || **πιέσατε** push
πίεση (η) pressure
πιζάμες (οι) pyjamas
πικρός/η/ο bitter
πιλάφι (το) pilau
πιλότος (ο) pilot
πινακίδα (η) sign; name/number plate || **προστατεύετε τας πινακίδας** do not deface signs
πινακοθήκη (η) art gallery
Πίνδος (η) Pindos
πίνω to drink
πίπα (η) pipe
πιπέρι (το) pepper || **πιπεριές γεμιστές** stuffed peppers
πισίνα (η) swimming pool
πιστεύω to believe
πιστολάκι (το) (small, hand-held) hairdrier
πιστοποιητικό (το) certificate || **πιστοποιητικό εμβολιασμού** vaccination certificate
πίστωση (η) credit
πιστωτικές κάρτες credit cards
πίσω behind; back
πίτα (η) pie
πίτζα (η) pizza
πιτζαρία (η) pizzeria
πλάι next to
πλαγιά (η) hillside
πλαγιάζω to lie down

Α	α	A
Β	β	V
Γ	γ	G
Δ	δ	D
Ε	ε	E
Ζ	ζ	Z
Η	η	I
Θ	θ	Th
Ι	ι	I
Κ	κ	K
Λ	λ	L
Μ	μ	M
Ν	ν	N
Ξ	ξ	X
Ο	ο	O
Π	π	P
Ρ	ρ	R
Σ	σ,ς	S
Τ	τ	T
Υ	υ	I
Φ	φ	F
Χ	χ	H
Ψ	ψ	Ps
Ω	ω	O

πλαζ (η) beach	Α α	A
Πλάκα (η) Plaka, area at the foot of the Acropolis	Β β	V
πλαστικός/η/ο plastic	Γ γ	G
πλατεία (η) square	Δ δ	D
πλάτη (η) back	Ε ε	E
πλατίνα (η) platinum		
πλατίνες (οι) points (in car)	Ζ ζ	Z
πλατύς/ια/υ wide, broad	Η η	I
πλεκτά (τα) knitwear		
πλένω to wash	Θ θ	Th
πληγή (η) wound		
πλήθος (το) crowd	Ι ι	I
πληροφορίες (οι) information ‖ πληροφορίες δρομολογίων travel information	Κ κ	K
	Λ λ	L
πλήρωμα (το) crew ‖ τα μέλη του πληρώματος members of the crew	Μ μ	M
πληρωμή (η) payment ‖ ευκολίες πληρωμής credit facilities ‖ προς πληρωμή insert money	Ν ν	N
	Ξ ξ	X
πλησιάζω to approach		
πληρώνω to pay	Ο ο	O
πλοίο (το) ship	Π π	P
πλούσιος/α/ο rich		
πλούτη (τα) riches	Ρ ρ	R
πλυντήριο (το) washing machine ‖ πλυντήριο αυτοκινήτων car wash	Σ σ,ς	S
πλύσιμο wash(ing) ‖ πλύσιμο αυτοκινήτων car wash	Τ τ	T
	Υ υ	I
πνεύμονας (ο) lung	Φ φ	F
πνίγω to suffocate		
ποδήλατο (το) bicycle ‖ ποδήλατο της θάλασσας pedalo	Χ χ	H
ποδηλάται (οι) cyclists	Ψ ψ	Ps
πόδι (το) foot	Ω ω	O

ποδόσφαιρο (το) football
ποιος/α/ο who
ποιότητα (η) quality
πόλεμος (ο) war
πόλη/ις (η) town
πολιτισμός (ο) civilisation
πολλοί many
πολυκατάστημα (το) department store
πολυκατοικία (η) block of flats
πολυκλινική (η) privately-run general
  clinic
πολύς/πολλή/πολύ many; much
πολλοί many
πολυτεχνείο (το) polytechnic
πονόδοντος (ο) toothache
πονοκέφαλος (ο) headache
πονόλαιμος (ο) sore throat
πόνος (ο) pain
πονώ to hurt
Πόρος (ο) Poros
πόρτα (η) door
πορτοκαλάδα (η) orange squash
πορτοκάλι (το) orange || χυμός
  πορτοκάλι orange juice
πορτοκαλί orange (colour)
πορτοκαλιά (η) orange tree
πορτοφόλι (το) wallet
πόσα how many
πόσο; how much? || πόσο κάνει; how
  much is it?
ποσοστό (το) rate, percentage ||
  ποσοστό υπηρεσίας service charge
  || συμπεριλαμβανομένου ποσοστού
  υπηρεσίας including service charge
ποσότητα (η) quantity
ποτάμι (το) river

A	α	A
B	β	V
Γ	γ	G
Δ	δ	D
E	ε	E
Z	ζ	Z
H	η	I
Θ	θ	Th
I	ι	I
K	κ	K
Λ	λ	L
M	μ	M
N	ν	N
Ξ	ξ	X
O	ο	O
Π	π	P
P	ρ	R
Σ	σ,ς	S
T	τ	T
Y	υ	I
Φ	φ	F
X	χ	H
Ψ	ψ	Ps
Ω	ω	O

πότε; when?
ποτέ never
ποτήρι (το) glass *(for drinking)*
ποτό (το) drink
πού; where? ‖ **πού είναι;** where is it?
πουκάμισο (το) shirt
πουλί (το) bird
πούλμαν (το) coach
πουλώ to sell
πουρμπουάρ (το) tip *(to waiter etc)*
πούρο (το) cigar
πράγμα thing
πράκτορας (ο) agent
πρακτορείο (το) agency
πραξικόπημα (το) coup
πράσινος/η/ο green ‖ **το πράσινο**
  grass
πρατήριο (το) specialist shop ‖
  πρατήριο βενζίνης petrol station ‖
  πρατήριο άρτου baker's
Πρέβεζα (η) Preveza
πρέπει it is necessary
πρεσβεία (η) embassy
πρεσβευτής (ο) ambassador
πρίζα (η) plug; socket
πριν before
προάστειο (το) suburb
πρόγευμα (το) breakfast
πρόγραμμα (το) programme
πρόεδρος (ο) president ‖ **προεδρικό**
  μέγαρο presidential palace
προειδοποίηση (η) warning
προέλευση (η) point of embarkation
προετοιμάζω to prepare
πρόθυμος/η/ο willing
προίκα (η) dowry

Α	α	A
Β	β	V
Γ	γ	G
Δ	δ	D
Ε	ε	E
Ζ	ζ	Z
Η	η	I
Θ	θ	Th
Ι	ι	I
Κ	κ	K
Λ	λ	L
Μ	μ	M
Ν	ν	N
Ξ	ξ	X
Ο	ο	O
Π	π	P
Ρ	ρ	R
Σ	σ,ς	S
Τ	τ	T
Υ	υ	I
Φ	φ	F
Χ	χ	H
Ψ	ψ	Ps
Ω	ω	O

προϊόν (το) product || Ελληνικό
προϊόν Greek product
προϊστάμενος (ο) manager, boss
προκαταβολή (η) deposit
προκρατήσεις (οι) advance bookings
προξενείο (το) consulate
πρόξενος (ο) consul
πρόοδος (η) progress
προορισμός (ο) destination
προπληρώνω to pay in advance
Προ-πο Greek football pools
προσγείωση (η) landing
προσδεθείτε fasten your safety belts
προσεκτικός/η/ο careful
πρόσκληση (η) invitation
προσοχή (η) attention
προσπαθώ to try
προστατεύω to protect
πρόστιμο (το) fine
προσωπική κλήση person to person call
πρόσωπο (το) face
προσωρινός/η/ο temporary
προτιμώ to prefer
προφυλακτήρας (ο) bumper *(of car)*
πρόχειρος/η/ο handy; impromptu
|| πρόχειρο φαγητό snacks
προχθές the day before yesterday
πρωθυπουργός prime minister
πρωί (το) morning
πρωινός/η/ο of the morning ||
το πρωινό breakfast
πρωτεύουσα (η) capital city
πρωτομαγιά (η) May Day
πρώτος/η/ο first || πρώτες
βοήθειες first aid || πρώτη θέση first
class

Α	α	A
Β	β	V
Γ	γ	G
Δ	δ	D
Ε	ε	E
Ζ	ζ	Z
Η	η	I
Θ	θ	Th
Ι	ι	I
Κ	κ	K
Λ	λ	L
Μ	μ	M
Ν	ν	N
Ξ	ξ	X
Ο	ο	O
Π	π	P
Ρ	ρ	R
Σ	σ,ς	S
Τ	τ	T
Υ	υ	I
Φ	φ	F
Χ	χ	H
Ψ	ψ	Ps
Ω	ω	O

πρωτοχρονιά (η) New Year's Day

πτήση (η) flight || πτήσεις εξωτερικού international flights || πτήσεις εσωτερικού domestic flights || αριθμός πτήσης flight number || ναυλωμένη πτήση charter flight || τακτικές πτήσεις scheduled flights

πυκνός/η/ο thick

πύλη (η) gateway

πύργος (ο) castle, tower

πυρετός (ο) fever

πυρκαγιά (η) fire

πυροσβεστήρας (ο) fire extinguisher

πυροσβέστης (ο) fireman

πυροσβεστική (η) fire brigade || πυροσβεστική υπηρεσία fire brigade || πυροσβεστική φωλεά *case where fire-fighting equipment is kept* || πυροσβεστικός σταθμός fire station

πώληση (η) sale || λιανική πώληση retail sale || χονδρική πώληση wholesale

πωλητής/τρια sales assistant || αυτόματος πωλητής γραμματοσήμων stamp machine

πωλώ to sell || πωλείται, πωλούνται for sale

πως that

πώς; how?

Ρ

ράβω to sew

ραδιενέργεια (η) radioactivity

Α	α	A
Β	β	V
Γ	γ	G
Δ	δ	D
Ε	ε	E
Ζ	ζ	Z
Η	η	I
Θ	θ	Th
Ι	ι	I
Κ	κ	K
Λ	λ	L
Μ	μ	M
Ν	ν	N
Ξ	ξ	X
Ο	ο	O
Π	π	P
Ρ	ρ	R
Σ	σ,ς	S
Τ	τ	T
Υ	υ	I
Φ	φ	F
Χ	χ	H
Ψ	ψ	Ps
Ω	ω	O

ραδιόφωνο (το) radio	Α	α	Α
ραντάρ (το) radar	Β	β	V
ραντεβού (το) appointment, date	Γ	γ	G
ράφτης (ο) tailor	Δ	δ	D
ράχη (η) back			
ρεζέρβα (η) spare wheel	Ε	ε	Ε
Ρέθυμνο (το) Rethymno			
ρέστα (τα) change *(money)*	Ζ	ζ	Ζ
ρετσίνα (η) retsina *(resinated white wine)*			
ρεύμα (το) current	Η	η	Ι
ρευματισμοί (οι) rheumatism			
ρήτορας (ο) orator	Θ	θ	Th
ρόδα (η) wheel			
ροδάκινο (το) peach	Ι	ι	Ι
ρόδι (το) pomegranate	Κ	κ	Κ
Ροδίτικο red wine from Rhodes	Λ	λ	L
Ρόδος (η) Rhodes			
ροζ pink	Μ	μ	Μ
ρολόι (το) watch, clock	Ν	ν	Ν
Ρομπόλα dry white wine from Kefallinia			
ρούμι (το) rum	Ξ	ξ	Χ
ρουμπίνι (το) ruby	Ο	ο	Ο
ρούχα (τα) clothes			
ρύζι (το) rice	Π	π	Ρ
ρυζόγαλο (το) rice pudding	Ρ	ρ	R
ρυθμίζω to adjust			
ρυμουλκώ to tow away	Σ	σ,ς	S
ρύπανση (η) pollution	Τ	τ	Τ
ρυτίδα (η) wrinkle			
ρωτώ to ask	Υ	υ	Ι
	Φ	φ	F
Σ	Χ	χ	Η
	Ψ	ψ	Ps
Σάββατο (το) Saturday	Ω	ω	Ο
Σαββατοκύριακο (το) weekend			

σαγόνι (το) jaw	A	α	A
σακκάκι (το) jacket	B	β	V
σακκούλι (το) bag *(paper or plastic)*	Γ	γ	G
σάκχαρη (η) sugar	Δ	δ	D
σαλάμι (το) salami			
Σαλαμίνα (η) Salamis	E	ε	E
σαλάτα (η) salad			
σαλιγκάρι (το) snail	Z	ζ	Z
σαλόνι (το) sitting room			
σάλτσα (η) sauce	H	η	I
Σαμοθράκη (η) Samothrace	Θ	θ	Th
Σάμος (η) Samos			
Σαμός sweet red wine from Samos	I	ι	I
σαμπάνια (η) champagne	K	κ	K
σαμπουάν (το) shampoo			
Σαντορίνι (η) Santorini	Λ	λ	L
σάντουιτς (το) sandwich			
σαπούνι (το) soap	M	μ	M
σαράντα forty	N	ν	N
Σαρωνικός (ο) Saronic gulf			
σας your *(plural)* ‖ το σπίτι σας your house	Ξ	ξ	X
	O	o	O
σάτυρα (η) satire			
σάτυρος (ο) satyr	Π	π	P
σαύρα (η) lizard			
σβήνω to extinguish, switch off ‖	P	ϱ	R
σβήσατε τα τσιγάρα σας put out your	Σ	σ,ς	S
cigarettes			
σεβασμός (ο) respect	T	τ	T
σειρά (η) turn; row; series	Y	υ	I
σεισμός (ο) earthquake			
σελίδα (η) page	Φ	φ	F
σεντόνι (το) sheet	X	χ	H
σεξ (το) sex	Ψ	ψ	Ps
Σεπτέμβριος (ο) September			
σερβίρω to serve	Ω	ω	O

σέρβις (το) service || ιδιωτικό σέρβις executive service

σεφ (ο) chef

σηκώνομαι to get up

σηκώνω to raise, lift

σήμα (το) sign, signal || σήμα κατατεθέν trade mark || σήμα κινδύνου emergency signal || σήμα στον οδηγό signal to the driver (to stop)

σημαία (η) flag

σημαίνω to mean || τι σημαίνει; what does it mean?

σημείωμα (το) note

σήμερα today

σιγά slowly

σιγή (η) silence

σίγουρος/η/ο certain, safe

σίδερο (το) iron

σιδερώνω to iron

σιδηρόδρομος (ο) train; railway || σιδηροδρομικός σταθμός railway station || σιδηροδρομικώς by rail

σιεφταλιά (η) spicy minced meat kebab

σιτάρι (το) wheat

σιωπή (η) silence

σκάβω to dig

σκάλα (η) ladder, staircase

σκαλί (το) step

σκάφος (το) vessel || στο σκάφος on board || σκάφη ανοιχτής θαλάσσης vessels for open sea || φουσκωτά σκάφη inflatable boats

σκελετός (ο) skeleton

σκεπάζω to cover

σκέτος/η/ο plain || ένας καφές

Α	α	A
Β	β	V
Γ	γ	G
Δ	δ	D
Ε	ε	E
Ζ	ζ	Z
Η	η	I
Θ	θ	Th
Ι	ι	I
Κ	κ	K
Λ	λ	L
Μ	μ	M
Ν	ν	N
Ξ	ξ	X
Ο	ο	O
Π	π	P
Ρ	ρ	R
Σ	σ,ς	S
Τ	τ	T
Υ	υ	I
Φ	φ	F
Χ	χ	H
Ψ	ψ	Ps
Ω	ω	O

σκέτος coffee without sugar ‖ ένα σκέτο ουίσκυ neat whisky	Α α	A
σκέφτομαι to think	Β β	V
σκηνή (η) tent; stage	Γ γ	G
σκι ski ‖ θαλάσσιο σκι water ski(ing)	Δ δ	D
σκιά (η) shadow, shade	Ε ε	E
σκίζω to tear	Ζ ζ	Z
Σκίαθος (η) Skiathos		
σκληρός/η/ο hard	Η η	I
σκοινί (το) rope	Θ θ	Th
σκόνη (η) dust		
σκοπός (ο) purpose	Ι ι	I
σκορδαλιά (η) garlic sauce		
σκόρδος (ο) garlic	Κ κ	K
σκοτάδι (το) darkness	Λ λ	L
σκοτώνω to kill		
σκούπα (η) broom	Μ μ	M
σκουπίδι (το) rubbish, refuse	Ν ν	N
σκουπίζω to sweep		
σκύβω to bend down	Ξ ξ	X
σκυλί (το) dog	Ο ο	O
Σκωτία (η) Scotland		
σμαράγδι (το) emerald	Π π	P
σοβαρός/η/ο serious		
σόδα (η) soda	Ρ ρ	R
σοκάκι (το) narrow street		
σοκολάτα (η) chocolate	Σ σ,ς	S
σόλα (η) sole (of shoe)	Τ τ	T
σολομός (ο) salmon		
σόμπα (η) heater	Υ υ	I
σου your ‖ το βιβλίο σου your book		
σούβλα (η) skewer; lamb cooked on a skewer over charcoal	Φ φ	F
σουβλάκι (το) kebab	Χ χ	H
σουγιάς (ο) penknife	Ψ ψ	Ps
Σούνιο (το) Sounio	Ω ω	O

σούπα (η) soup
σουπεραγορά (η) supermarket
σουτιέν (το) bra
σπάγγος (ο) string
σπάζω to break
σπανάκι (το) spinach
σπανακόπιττα (η) spinach pie
σπάνιος/α/ο rare
σπαράγγι (το) asparagus
Σπάρτη (η) Sparta
σπεσιαλιτέ της κουζίνας today's special dish
Σπέτσαι/ες (οι) Spetses
σπηλιά (η) cave
σπηντ μποϱτ speed board
σπίρτο (το) match
σπίτι (το) house
σπονδυλική στήλη spine
σποϱ (τα) sports
Σποράδες (οι) Sporades
σπουδάζω to study
σπρώχνω to push
σπυρί (το) boil (abscess)
σταγόνα (η) drop
στάδιο (το) stadium
σταθμαρχείο (το) stationmaster
στάθμευση/σις (η) parking ||
στάθμευση αυτοκινήτων car parking
|| σταθμεύσεις επί καταβολή τέλους
parking meters || ανώτατος χρόνος
σταθμεύσεως maximum parking time
|| απαγορεύεται η στάθμευση no
parking || μη σταθμεύετε no parking
|| χώρος σταθμεύσεως parking area
σταθμός (ο) station || μετεωρολογικός
σταθμός weather centre ||

Α	α	A
Β	β	V
Γ	γ	G
Δ	δ	D
Ε	ε	E
Ζ	ζ	Z
Η	η	I
Θ	θ	Th
Ι	ι	I
Κ	κ	K
Λ	λ	L
Μ	μ	M
Ν	ν	N
Ξ	ξ	X
Ο	ο	O
Π	π	P
Ρ	ϱ	R
Σ	σ,ς	S
Τ	τ	T
Υ	υ	I
Φ	φ	F
Χ	χ	H
Ψ	ψ	Ps
Ω	ω	O

πυροσβεστικός σταθμός fire station
‖ σιδηροδρομικός σταθμός railway
station

σταματώ to stop

στάση/σις (η) stop ‖ *στάση
εργασίας* strike, stoppage ‖ *στάσις
ΗΛΠΑΠ* trolley bus stop ‖ *στάση
λεωφορείου* bus stop

σταύλος (ο) stable

σταυροδρόμι crossroads

σταυρόλεξο (το) crossword puzzle

σταυρός (ο) cross

σταφίδα (η) raisin

σταφύλι (το) grapes

στέγη (η) roof

στεγνοκαθαριστήριο (το) dry cleaner's

στεγνώνω to dry

στέκομαι to stand up; to stand still

στέλνω to send

στενάζω to sigh

στενός/η/ο narrow

στένωμα οδοστρώματος bottleneck

στερεός/α/ο firm

στήθος (το) breast, chest

στηρίζομαι to lean against

στιγμή (η) moment ‖ *μια στιγμή* just
a moment

στιφάδο (το) beef stew with onions

στοά (η) arcade

στολίζω to decorate

στόλος (ο) fleet

στόμα (το) mouth

στομάχι (το) stomach

στρατιώτης (ο) soldier

στρείδι (το) oyster

στρίφωμα (το) hem *(of dress etc)*

Α	α	A
Β	β	V
Γ	γ	G
Δ	δ	D
Ε	ε	E
Ζ	ζ	Z
Η	η	I
Θ	θ	Th
Ι	ι	I
Κ	κ	K
Λ	λ	L
Μ	μ	M
Ν	ν	N
Ξ	ξ	X
Ο	ο	O
Π	π	P
Ρ	ρ	R
Σ	σ,ς	S
Τ	τ	T
Υ	υ	I
Φ	φ	F
Χ	χ	H
Ψ	ψ	Ps
Ω	ω	O

στρογγύλος/η/ο round	Α α	A
στροφή (η) turn	Β β	V
στρώμα (το) mattress	Γ γ	G
συγγενής (ο/η) relative	Δ δ	D
συγγνώμη sorry	Ε ε	E
συγκοινωνία (η) transport	Ζ ζ	Z
συγχαρητήρια congratulations	Η η	I
συγχωρώ: με συγχωρείτε excuse me	Θ θ	Th
σύζυγος (ο/η) husband/wife	Ι ι	I
συκιά (η) fig tree	Κ κ	K
σύκο (το) fig	Λ λ	L
συκώτι (το) liver	Μ μ	M
συλλέκτης (ο) collector	Ν ν	N
συλλογή (η) collection	Ξ ξ	X
συμβουλεύω to advise	Ο ο	O
συμβουλή (η) advice	Π π	P
συμπεριλαμβάνω to include ‖ συμπεριλαμβανομένων φόρων και ποσοστού υπηρεσίας including taxes and service charge	Ρ ρ	R
συμπεριφορά (η) behaviour	Σ σ,ς	S
συμπλέκτης (ο) clutch *(of car)*	Τ τ	T
συμπληρώνω to fill in	Υ υ	I
σύμπτωμα (το) symptom	Φ φ	F
συμφωνία (η) agreement	Χ χ	H
συμφωνώ to agree	Ψ ψ	Ps
συνάλλαγμα (το) foreign exchange ‖ δήλωση συναλλάγματος currency declaration ‖ η τιμή του συναλλάγματος rate of foreign exchange	Ω ω	O
συνάντηση (η) meeting		
συναυλία (η) concert		
συνεργείο (το) workshop ‖ συνεργείο αυτοκινήτων car repairs		
συνεχίζω to continue		
συνήθεια (η) habit		

συνήθως usually	Α α	A
σύνθεση (η) ingredients	Β β	V
συνθήκες (οι) conditions	Γ γ	G
σύννεφο (το) cloud	Δ δ	D
σύνολο (το) total	Ε ε	E
σύνορα (τα) border, frontier		
συνταγή (η) doctor's prescription; recipe	Ζ ζ	Z
σύνταγμα (το) constitution || Πλατεία		
Συντάγματος Constitution Square *(in*		
Athens)	Η η	I
σύνταξη (η) pension	Θ θ	Th
συντεχνία (η) trade union		
συντηρητικά (τα) preservatives	Ι ι	I
σύντομα soon		
συντροφιά (η) company; companionship	Κ κ	K
σύρατε pull	Λ λ	L
σύρμα (το) wire		
Σύρος (η) Syros	Μ μ	M
συρτάρι (το) drawer	Ν ν	N
συσκευασία (η) packing		
σύστημα κλιματισμού air conditioning	Ξ ξ	X
συστημένη επιστολή registered letter	Ο ο	O
συχνά often		
σφίγγω to squeeze	Π π	P
σφουγγάρι (το) sponge	Ρ ρ	R
σφράγισμα (το) filling *(in tooth)*		
σφυγμός (ο) pulse	Σ σ,ς	S
σχεδιάζω to plan	Τ τ	T
σχεδόν nearly		
σχήμα (το) form, shape	Υ υ	I
σχηματίζω to form || σχηματίστε τον	Φ φ	F
αριθμό dial the number		
σχοινί (το) rope	Χ χ	H
σχολείο (το) school	Ψ ψ	Ps
σχολή (η) school || σχολή οδηγών	Ω ω	O
driving school		

σώμα (το) body
σωσίβιο (το) life jacket || ατομικό
  σωσίβιο personal life jacket ||
  παιδικά σωσίβια children's life
  jackets
σωστά correctly
σωφέρ (ο) chauffeur

T

ταβέρνα (η) tavern
τάβλι (το) backgammon
ταγιέρ (το) woman's suit
ταινία (η) film; strip; tape
τακούνι (το) heel *(of shoe)*
τακτικά frequently
τακτοποιώ to arrange
ταλαιπωρία (η) difficulty, trouble
ταμείο (το) cashier's desk, till
ταμίας (ο/η) cashier
ταμιευτήριο (το) savings bank
ταξί (το) taxi || αγοραίο ταξί taxi
  without a meter, fare to be agreed
  || γραφείο ταξί taxi office || ταξί,
  ενοικιάζονται-πωλούνται taxis - for
  sale and for hire
ταξίδι (το) journey, tour || ταξιδιωτικό
  γραφείο travel agent || οργανωμένα
  ταξίδια organised tours || πρακτορείο
  ταξιδίων travel agent
ταξιθέτης/τρια theatre attendant
ταπεινός/η/ο humble
ταπέτο (το) rug
ταπετσαρία (η) upholstery
τάπης (ο) rug

Α	α	A
Β	β	V
Γ	γ	G
Δ	δ	D
Ε	ε	E
Ζ	ζ	Z
Η	η	I
Θ	θ	Th
Ι	ι	I
Κ	κ	K
Λ	λ	L
Μ	μ	M
Ν	ν	N
Ξ	ξ	X
Ο	ο	O
Π	π	P
Ρ	ρ	R
Σ	σ,ς	S
Τ	τ	T
Υ	υ	I
Φ	φ	F
Χ	χ	H
Ψ	ψ	Ps
Ω	ω	O

ταραμοσαλάτα (η) taramosalata *(dish containing roe, often served as a starter)*

ταράτσα (η) roof

ταραχή (η) disturbance

τασάκι (το) ashtray

Ταΰγετος (ο) Taygetos

ταύρος (ο) bull

ταυτότητα (η) identity

τάφος (ο) grave

ταχεία (η) express train

ταχυδρομείο (το) post office ‖ Ελληνικά ταχυδρομεία Greek post office ‖ ταχυδρομικά (τέλη) postage ‖ ταχυδρομικές επιταγές postal orders ‖ ταχυδρομικός κώδικας post code ‖ ταχυδρομικώς by post

ταχύμετρο (το) speedometer

ταχύτητα, ταχύτης (η) speed ‖ η ταχύτης ελέγχεται με ραντάρ radar speed check ‖ κιβώτιο ταχύτητων gearbox

τέιον (το) tea

τελειώνω to finish

τελετή (η) ceremony

τελευταίος / α / ο last

τελικά finally

τέλος (το) end; tax, duty ‖ ταχυδρομικά τέλη postage ‖ τέλος απηγορευμένης ζώνης end of no-overtaking zone

τελωνείο (το) customs

τεμπέλης / α lazy

τέννις (το) tennis

τέντα (η) tent

τέρας (το) monster

τεράστιος / α / ο huge

Α	α	A
Β	β	V
Γ	γ	G
Δ	δ	D
Ε	ε	E
Ζ	ζ	Z
Η	η	I
Θ	θ	Th
Ι	ι	I
Κ	κ	K
Λ	λ	L
Μ	μ	M
Ν	ν	N
Ξ	ξ	X
Ο	ο	O
Π	π	P
Ρ	ρ	R
Σ	σ, ς	S
Τ	τ	T
Υ	υ	I
Φ	φ	F
Χ	χ	H
Ψ	ψ	Ps
Ω	ω	O

τέρμα (το) terminus

τέρμιναλ (το) terminal

τέσσερα four *(with neuter nouns)*

τέσσερεις four *(with masculine and feminine nouns)*

Τετάρτη Wednesday

τέταρτος/η/ο fourth

τετράδιο (το) exercise book

τεύχος (το) issue

τέχνασμα (το) trick

τέχνη (η) art ‖ λαϊκή τέχνη folk art

τεχνητώς κεχρωσμένο contains artificial colourings

τεχνολογία (η) technology

τζάκι (το) fireplace

τζάμι (το) window pane

τζαμί (το) mosque

τζόκεϋ (ο) jockey

τηγάνι (το) frying pan

τηγανίζω to fry

τηγανίτα (η) pancake

τηλεγραφείο (το) telegraph office

τηλεγράφημα (το) telegram

τηλεόραση (η) television

τηλεπικοινωνίες (οι) telecommunications ‖ Οργανισμός Τηλεπικοινωνιών Ελλάδος Greek Telecommunications Authority

τηλεφώνημα (το) telephone call

τηλέφωνο (το) telephone ‖ τηλεφωνικός κατάλογος telephone directory ‖ τηλεφωνικός κώδικας dialling code ‖ υπεραστικά τηλέφωνα telephones for trunk calls

Α	α	A
Β	β	V
Γ	γ	G
Δ	δ	D
Ε	ε	E
Ζ	ζ	Z
Η	η	I
Θ	θ	Th
Ι	ι	I
Κ	κ	K
Λ	λ	L
Μ	μ	M
Ν	ν	N
Ξ	ξ	X
Ο	ο	O
Π	π	P
Ρ	ρ	R
Σ	σ,ς	S
Τ	τ	T
Υ	υ	I
Φ	φ	F
Χ	χ	H
Ψ	ψ	Ps
Ω	ω	O

Τήλος (η) Tilos
Τήνος (η) Tinos
της her ‖ τα μαλλιά της her hair
τι; what? ‖ τι είναι; what is it?
τιμάριθμος (ο) cost of living
τιμή (η) price; honour ‖ τιμή
  εισητηρίου price of a ticket, fare
τίμιος/α/ο honest
τιμοκατάλογος (ο) price list
τιμολόγιο (το) invoice
τιμόνι (το) steering wheel
τιμωρία (η) punishment
τιμωρώ to punish ‖ πάσα ζημιά
  τιμωρείται με φυλάκιση anyone causing
  damage will be prosecuted
τινάζω to shake
τίποτα nothing
τίτλος (ο) title
τμήμα (το) department; police station
το it; the *(with neuter nouns)*
τοιχοκόλληση (η) bill posting
τοίχος (ο) wall
τόκος (ο) interest *(bank)* ‖ τόκος
  καταθέσεων interest on deposits
τολμηρός/η/ο daring
τόνικ (το) tonic
τόνος (ο) ton; tuna fish; tone of voice
τοξικομανής (ο/η) drug addict
τοπείο (το) landscape
τόπι (το) ball
τόπος (ο) place
τόσο so much
τοστ (το) toasted sandwich
τότε then
του his ‖ το σακκάκι του his jacket
τουαλέτα (η) bathroom, toilet

Α	α	A
Β	β	V
Γ	γ	G
Δ	δ	D
Ε	ε	E
Ζ	ζ	Z
Η	η	I
Θ	θ	Th
Ι	ι	I
Κ	κ	K
Λ	λ	L
Μ	μ	M
Ν	ν	N
Ξ	ξ	X
Ο	ο	O
Π	π	P
Ρ	ρ	R
Σ	σ,ς	S
Τ	τ	T
Υ	υ	I
Φ	φ	F
Χ	χ	H
Ψ	ψ	Ps
Ω	ω	O

τουρισμός (ο) tourism
τουρίστας/στρια tourist
τουριστικά: τουριστικά είδη souvenirs
‖ τουριστική αστυνομία tourist police
Τουρκία (η) Turkey
τουρσί (το) pickle
τούτος/η/ο this one
τραγούδι (το) song
τραγωδία (η) tragedy
τραίνο (το) train
τρανζίστορ (το) portable radio
τράπεζα (η) bank
τραπεζαρία (η) dining room
τραπέζι (το) table
τραπεζομάντηλο (το) tablecloth
τραύμα (το) injury
τρεις three (*with masculine and feminine nouns*)
τρελλός/η/ο mad
τρέμω to tremble
τρέχω to run
τρία three (*with neuter nouns*)
τριάντα thirty
τριαντάφυλλο (το) rose
τρίβω to rub
τρίγωνο (το) triangle
Τρίπολη/ις (η) Tripoli
Τρίτη (η) Tuesday
τρίτος/η/ο third
τρίχα (η) hair
τρόλλεϋ (το) trolley bus
τρομάρα (η) fright
τρομερός/η/ο terrible
τρομοκρατία (η) terrorism
τροφή (η) food
τροχαία (η) traffic police

Α	α	A
Β	β	V
Γ	γ	G
Δ	δ	D
Ε	ε	E
Ζ	ζ	Z
Η	η	I
Θ	θ	Th
Ι	ι	I
Κ	κ	K
Λ	λ	L
Μ	μ	M
Ν	ν	N
Ξ	ξ	X
Ο	ο	O
Π	π	P
Ρ	ρ	R
Σ	σ,ς	S
Τ	τ	T
Υ	υ	I
Φ	φ	F
Χ	χ	H
Ψ	ψ	Ps
Ω	ω	O

τροχός (ο) wheel	Α	α	Α
τροχόσπιτο (το) caravan	Β	β	V
τροχοφόρο (το) vehicle	Γ	γ	G
τρύγος (ο) grape harvest	Δ	δ	Dg
τρύπα (η) hole	Ε	ε	E
τρώγω, τρώω to eat	Ζ	ζ	Z
τσαγιέρα (η) teapot	Η	η	I
τσάι (το) tea	Θ	θ	Th
τσακίζω to smash	Ι	ι	I
τσαλακώνω to crease	Κ	κ	K
τσαμπί (το) bunch of grapes	Λ	λ	L
τσάντα (η) bag	Μ	μ	M
τσαντάκι (το) purse	Ν	ν	N
τσατσίκι (το) tsatsiki *(starter containing yogurt, cucumber and garlic)*	Ξ	ξ	X
τσέπη (η) pocket	Ο	ο	O
τσιγάρο (το) cigarette	Π	π	P
τσιμπώ to pinch	Ρ	ρ	R
τσιρίζω to scream	Σ	σ,ς	S
τσίρκο (το) circus	Τ	τ	T
τυπογραφείο (το) printer's	Υ	υ	I
τύπος (ο) press, newspapers	Φ	φ	F
τυρί (το) cheese	Χ	χ	H
τυρόπιττες (οι) cheese pies	Ψ	ψ	Ps
‖ τυρόπιττες σφολιάτα flaky pastry cheese pies	Ω	ω	O
τυφλός/η/ο blind			
τυχερός/η/ο lucky			
τύχη (η) luck			
τώρα now			

Υ

υάρδα (η) yard
υβρίζω to insult

υγεία (η) health || στην υγειά σας your health, cheers

υγειονομικός έλεγχος health inspection

Ύδρα (η) Hydra

υδραγωγείο (το) water reservoir

ύδωρ (το) water

υιοθεσία (η) adoption

υλικό (το) material

Υμηττός (ο) Mount Hymettos; dry red or white table wine from Athens

ύμνος (ο) hymn, anthem || εθνικός ύμνος national anthem

υπέρ for

υπεραγορά (η) supermarket

υπερασπίζω to defend

υπεραστικό: υπεραστικό τηλεφώνημα trunk call || υπεραστικό λεωφορείο long-distance coach

υπερβάλλω to exaggerate

υπερήφανος/η/ο proud

υπερνικώ to overcome

υπέροχος/η/ο excellent

υπερφυσικός/η/ο supernatural

υπερωκεάνειο (το) liner

υπερωρία (η) overtime

υπεύθυνος/η/ο responsible

υπήκοος (ο/η) citizen

υπηκοότης (η) nationality

υπηρεσία (η) service || Υπηρεσία φορτώσεως εμπορευμάτων cargo loading || ποσοστό υπηρεσίας service charge

υπηρέτης (ο) servant

υπηρέτρια (η) maid

ύπνος (ο) sleep

υπνωτικό χάπι sleeping pill

Α	α	A
Β	β	V
Γ	γ	G
Δ	δ	D
Ε	ε	E
Ζ	ζ	Z
Η	η	I
Θ	θ	Th
Ι	ι	I
Κ	κ	K
Λ	λ	L
Μ	μ	M
Ν	ν	N
Ξ	ξ	X
Ο	ο	O
Π	π	P
Ρ	ρ	R
Σ	σ,ς	S
Τ	τ	T
Υ	υ	I
Φ	φ	F
Χ	χ	H
Ψ	ψ	Ps
Ω	ω	O

υπόγειος/α/ο underground || υπόγεια διάβαση πεζών underground pedestrian crossing || υπόγειος σιδηρόδρομος underground (railway)

υποδοχή (η) reception || χώρος υποδοχής reception (area)

υποθήκη (η) mortgage; storeroom

υποκατάστημα (το) branch office

υποκρισία (η) hypocrisy

υποκύπτω to yield

υπολογίζω to calculate

υπόλοιπο (το) remainder

υπομένω to tolerate

υπομονή (η) patience

ύποπτος/η/ο suspect, suspicious

υπόσχεση (η) promise

υπουργείο (το) ministry || Υπουργείο Κοινωνικών Ασφαλίσεων Ministry for National Insurance || Υπουργείο Οικονομικών Ministry of Finance || Υπουργείο Πολιτισμού Ministry of Culture

υπουργός (ο/η) minister

υποφέρω to suffer

υποχρέωση (η) obligation

υποχωρώ to give way

υποψήφιος/α candidate

ύστερα later

υστερία (η) hysteria

υψηλός/η/ο high || υψηλή τάση high voltage

ύφασμα (το) fabric, cloth || υφάσματα textiles || υφάσματα επιπλώσεων upholstery fabrics

ύψος (το) height || ύψος περιορισμένο height limit

Α	α	A
Β	β	V
Γ	γ	G
Δ	δ	D
Ε	ε	E
Ζ	ζ	Z
Η	η	I
Θ	θ	Th
Ι	ι	I
Κ	κ	K
Λ	λ	L
Μ	μ	M
Ν	ν	N
Ξ	ξ	X
Ο	ο	O
Π	π	P
Ρ	ρ	R
Σ	σ,ς	S
Τ	τ	T
Υ	υ	I
Φ	φ	F
Χ	χ	H
Ψ	ψ	Ps
Ω	ω	O

υψώνω to raise

Φ

φαγητό (το) food
φαγούρα (η) itching
φαΐ (το) food
φάκελλος (ο) envelope
φακός (ο) lens ‖ φακοί επαφής contact lenses
φαλάκρα (η) baldness
φανέλλα (η) vest
φανερός/η/ο evident
φανερώνω to reveal
φανός (ο) headlight
φαντασία (η) imagination
φάντασμα (το) ghost
φαράγγι (το) gorge, gully
φαρδύς/ια/υ broad
φαρμακείο (το) chemist's
φαρμάκι (το) poison
φάρμακο (το) medicine
φάρος (ο) lighthouse
φασαρία (η) commotion
φασιανός (ο) pheasant
φασολάδα (η) boiled haricot beans
φασολάκι (το) green bean
φασόλι (το) haricot bean
Φεβρουάριος (ο) February
φεγγάρι (το) moon
φερμουάρ (το) zip
φέρρυ μποτ ferry boat
φέρω to bring
φέτα (η) feta cheese
φεύγω to go away, leave

Α	α	A
Β	β	V
Γ	γ	G
Δ	δ	D
Ε	ε	E
Ζ	ζ	Z
Η	η	I
Θ	θ	Th
Ι	ι	I
Κ	κ	K
Λ	λ	L
Μ	μ	M
Ν	ν	N
Ξ	ξ	X
Ο	ο	O
Π	π	P
Ρ	ρ	R
Σ	σ,ς	S
Τ	τ	T
Υ	υ	I
Φ	φ	F
Χ	χ	H
Ψ	ψ	Ps
Ω	ω	O

φθάνω to arrive

φθηνός/η/ο cheap

φθινόπωρο (το) autumn

φθορά (η) deterioration

φιάλη (η) bottle

φίδι (το) snake

φιλενάδα (η) girlfriend; mistress

φιλέτο (το) fillet of meat

φιλί (το) kiss

φιλμ (το) film ‖ εμφανίσεις φιλμ film developing

φιλοδώρημα (το) tip ‖ φιλοδώρημα περιποιητού service charge

φιλοξενία (η) hospitality

φίλος/η friend

φίλτρο (το) filter ‖ φίλτρο αέρος air filter ‖ φίλτρο βενζίνης petrol filter ‖ φίλτρο λαδιού oil filter

φιλώ to kiss

φιστίκι (το) peanut ‖ φιστίκια Αιγίνης pistachio nuts

φλας (το) flash *(camera)*

φλέβα (η) vein

φλόγα (η) flame

φλυτζάνι (το) cup

φόβος (ο) fear

φοβούμαι I am afraid

φοιτητής/τρια student

φοιτητικό εισιτήριο student ticket *or* fare

φόρεμα (το) dress

φορητός/η/ο portable

φορολογημένα είδη duty-paid goods

φόρος (ο) tax ‖ συμπεριλαμβανομένων φόρων including taxes

φορτηγό (το) lorry

Α	α	A
Β	β	V
Γ	γ	G
Δ	δ	D
Ε	ε	E
Ζ	ζ	Z
Η	η	I
Θ	θ	Th
Ι	ι	I
Κ	κ	K
Λ	λ	L
Μ	μ	M
Ν	ν	N
Ξ	ξ	X
Ο	ο	O
Π	π	P
Ρ	ρ	R
Σ	σ,ς	S
Τ	τ	T
Υ	υ	I
Φ	φ	F
Χ	χ	H
Ψ	ψ	Ps
Ω	ω	O

φορώ to wear	A α	A
φουντούκι (το) hazelnut	B β	V
φούρνος (ο) oven	Γ γ	G
φουσκώνω to inflate ‖ φουσκωτά	Δ δ	D
σκάφη inflatable boats		
φούστα (η) skirt	E ε	E
φράουλα (η) strawberry	Z ζ	Z
φράχτης (ο) fence		
φρένα (τα) brakes *(in car)*	H η	I
φρέσκος/ια/ο fresh		
φρουρός (ο) guard	Θ θ	Th
φρούτο (το) fruit	I ι	I
φρουτοσαλάτα (η) fruit salad		
φρυγανιά (η) toast	K κ	K
φρύδι (το) eyebrow	Λ λ	L
φτερό (το) feather		
φτωχός/η/ο poor	M μ	M
φύκια (τα) seaweed	N ν	N
φύλακας (ο) guard		
φυλακή (η) prison	Ξ ξ	X
φυλάκιση (η) imprisonment		
φύλλο (το) leaf	O o	O
φύση (η) nature		
φυσικά naturally	Π π	P
φυσιοθεραπεία (η) physiotherapy		
φυσώ to blow	P ρ	R
φυτό (το) plant	Σ σ,ς	S
φυτώριο (το) nursery *(for plants)*	T τ	T
φωλιά (η) nest		
φωνάζω to shout	Y υ	I
φωνή (η) cry; voice	Φ φ	F
φως (το) light		
φωτιά (η) fire	X χ	H
φωτογραφία (η) photograph	Ψ ψ	Ps
‖ έγχρωμες φωτογραφίες colour		
photographs	Ω ω	O

φωτογραφίζω to take photographs ||
μη φωτογραφίζετε no photographs

φωτογραφική μηχανή camera

φωτόμετρο (το) light meter

φωτοτυπία (η) photocopy

X

χαίρετε hullo

χαίρομαι I am glad

χαλάζι (το) hail

Χαλκιδική (η) Halkidiki

χαλκός (ο) copper

χαμηλά low down

χαμογελώ to smile

Χανιά (τα) Hania

χάνω to lose

χάπι (το) pill

χαρά (η) pleasure

χαρούμενος/η/ο pleased, glad

χάρτης (ο) map || οδικός χάρτης road
map

χαρτί (το) paper

χαρτικά (τα) stationery

χαρτονόμισμα (το) note *(money)* ||
χαρτονομίσματα στην τρύπα insert
notes in the hole *(sign on fare machines
in trolley buses)*

χαρτοπωλείο stationer's shop

χαρτόσημο (το) stamp tax

χασάπης (ο) butcher

χασάπικο (το) butcher's shop

χειμώνας (ο) winter

χειραψία (η) handshake

χειροκρότημα (το) applause

A	α	A
B	β	V
Γ	γ	G
Δ	δ	D
E	ε	E
Z	ζ	Z
H	η	I
Θ	θ	Th
I	ι	I
K	κ	K
Λ	λ	L
M	μ	M
N	ν	N
Ξ	ξ	X
O	ο	O
Π	π	P
P	ρ	R
Σ	σ,ς	S
T	τ	T
Y	υ	I
Φ	φ	F
X	χ	H
Ψ	ψ	Ps
Ω	ω	O

χειροποίητος / η / ο handmade
χειρούργος (ο) surgeon
χειρόφρενο (το) handbrake
χέλι (το) eel
χελιδόνι (το) swallow *(bird)*
χέρι (το) hand
χερσόνησος (η) peninsula
χήνα (η) goose
χήρα (η) widow
χήρος (ο) widower
χθες yesterday
χίλια one thousand ‖ δυο χιλιάδες
two thousand
χιλιόμετρο (το) kilometre
χιόνι (το) snow
Χίος (η) Chios
χιούμορ (το) humour
χοιρινό (το) pork
χονδρικός / η / ο wholesale ‖
χονδρική πώληση wholesale
χοντρός / η / ο fat
χορεύω to dance
χορός (ο) dance
χόρτο (το) grass; green vegetable
χορτοφαγία (η) vegetarianism
χορτοφάγος (ο / η) vegetarian
χορωδία (η) choir
χουρμάς (ο) date *(fruit)*
χρειάζομαι I need
χρεώνω to charge
χρήματα (τα) money
χρηματοκιβώτιο (το) safe *(for valuables)*
χρηματοθυρίς (η) deposits, nightsafe
(bank)
χρήση (η) use ‖ άσκοπη χρήση
διώκεται ποινικώς anyone making

Α	α	A
Β	β	V
Γ	γ	G
Δ	δ	D
Ε	ε	E
Ζ	ζ	Z
Η	η	I
Θ	θ	Th
Ι	ι	I
Κ	κ	K
Λ	λ	L
Μ	μ	M
Ν	ν	N
Ξ	ξ	X
Ο	ο	O
Π	π	P
Ρ	ρ	R
Σ	σ,ς	S
Τ	τ	T
Υ	υ	I
Φ	φ	F
Χ	χ	H
Ψ	ψ	Ps
Ω	ω	O

improper use will be prosecuted ‖ οδηγίες χρήσεως instructions for use

χρησιμοποιώ to use

χρήσιμος/η/ο useful

χριστιανός/η Christian

Χριστούγεννα (τα) Christmas

χρόνος (ο) time; year

χρυσάφι (το) gold

χρυσαφικά (τα) jewellery

χρυσός/η/ο (made of) gold ‖ Χρυσός Οδηγός Yellow Pages

χρώμα (το) colour

χτένα (η) comb

χτες yesterday

χτυπώ to strike, knock

χύμα not bottled ‖ κρασί χύμα house wine

χυμός (ο) juice ‖ χυμός λεμονιού lemon juice ‖ χυμός πορτοκάλι orange juice

χυμώ to rush upon

χύνω to spill

χώμα (το) soil, earth

χώρα (η) country

χωράφι (το) field

χωριάτικη σαλάτα Greek salad

χωριάτικο ψωμί village bread

χωριό (το) village

χωρίς without ‖ χωρίς εισπράκτορα exact fare, no change given

χωριστά separately

χώρος (ο) area, site ‖ αρχαιολογικός χώρος archaeological site ‖ ιδιωτικός χώρος private ‖ χώρος αλιευτικών σκαφών for fishing boats only ‖ χώρος με απαγορευτική ένδειξη no smoking area ‖ χώρος αποσκευών car boot

Α	α	A
Β	β	V
Γ	γ	G
Δ	δ	D
Ε	ε	E
Ζ	ζ	Z
Η	η	I
Θ	θ	Th
Ι	ι	I
Κ	κ	K
Λ	λ	L
Μ	μ	M
Ν	ν	N
Ξ	ξ	X
Ο	ο	O
Π	π	P
Ρ	ϱ	R
Σ	σ,ς	S
Τ	τ	T
Υ	υ	I
Φ	φ	F
Χ	χ	H
Ψ	ψ	Ps
Ω	ω	O

‖ χώρος σταθμεύσεως parking area
‖ χώρος υποδοχής reception area

Ψ

ψάθα (η) straw mat
ψάθινος/η/ο of straw
ψαλίδι (το) scissors
ψαράς (ο) fisherman
ψάρεμα (το) fishing
ψάρι (το) fish
ψαρόβαρκα (η) fishing boat
ψαρόσουπα (η) fish soup
ψαροταβέρνα (η) fish tavern
ψέμα (το) lie
ψες last night
ψηλά high up
ψηλός/η/ο tall
ψημένος/η/ο cooked
ψήνω to cook
ψησταριά (η) rotisserie, shop selling
spit-roasted poultry and meat
ψητός/η/ο roast
ψιλά (τα) small change
ψιλικά (τα) haberdashery
ψυγείο (το) fridge
ψυγειοκαταψύκτης (ο) fridge-freezer
ψύλλος (ο) flea
ψύχρα (η) chilly weather
ψυχραιμία (η) self-control
ψωμάκι (το) bread roll
ψωμάς (ο) baker
ψωμί (το) bread ‖ ψωμί χωριάτικο
village bread
ψώνια (τα) shopping

Α	α	A
Β	β	V
Γ	γ	G
Δ	δ	D
Ε	ε	E
Ζ	ζ	Z
Η	η	I
Θ	θ	Th
Ι	ι	I
Κ	κ	K
Λ	λ	L
Μ	μ	M
Ν	ν	N
Ξ	ξ	X
Ο	ο	O
Π	π	P
Ρ	ρ	R
Σ	σ,ς	S
Τ	τ	T
Υ	υ	I
Φ	φ	F
Χ	χ	H
Ψ	ψ	Ps
Ω	ω	O

Ω

ωδείο (το) music school
ωθώ to push ‖ ωθήσατε push
ώμος (ο) shoulder
ωμός/η/ο uncooked
ωραίος/α/ο beautiful, handsome
ώριμος/η/ο ripe, mature
ώσπου until
ωτοστόπ (το) hitch-hiking
ωφέλεια (η) benefit
ώρα (η) time ‖ ώρες εισόδου του κοινού opening hours for the public ‖ ώρες επισκέψεως visiting hours ‖ ώρες λειτουργίας opening hours ‖ ώρες περισυλλογής collection times ‖ ώρες συναλλαγής banking hours ‖ της ώρας freshly cooked (*food*)

Α	α	A
Β	β	V
Γ	γ	G
Δ	δ	D
Ε	ε	E
Ζ	ζ	Z
Η	η	I
Θ	θ	Th
Ι	ι	I
Κ	κ	K
Λ	λ	L
Μ	μ	M
Ν	ν	N
Ξ	ξ	X
Ο	ο	O
Π	π	P
Ρ	ϱ	R
Σ	σ,ς	S
Τ	τ	T
Υ	υ	I
Φ	φ	F
Χ	χ	H
Ψ	ψ	Ps
Ω	ω	O

ENGLISH-GREEK

A

a *enas*/***mee****-a*/*ena*
ένας/μία/ένα
A positive/**negative** *alfa
thetee-****ko***/*arnee-teeko*
Α θετικό/αρνητικό
abbey *to mona-****steeree*** το
μοναστήρι
about *peree-poo* περίπου
above *pano* πάνω ‖ **above
the house** *pano apo
to* ***spee****tee* πάνω από το
σπίτι
abroad *sto ekso-tereeko*
στο εξωτερικό
abscess *to apo-steema* το
απόστημα
accelerator *to gazee* το
γκάζι
accident *to dheestee-
kheema* το δυστύχημα
accommodation *ee ste-yee*
η στέγη
account *o logharee-asmos*
ο λογαριασμός
ache *o ponos* ο πόνος
acid *to oksee* το οξύ

across (*on the other side*) *a-
pe-nandee* απέναντι
acrylic *akree-leekos*
ακρυλικός
act *ener-gho* ενεργώ
activities *ee dhrasteeree-
otee-tes* οι
δραστηριότητες
adaptor (*electrical*) *o meta-
skheema-teestees* ο
μετασχηματιστής
add (*figures*) *pros-theto*
προσθέτω
address *ee dhee-ef-
theensee* η διεύθυνση
adhesive tape *ee seengo-
leeteekee tenee-a* η
συγκολλητική ταινία
adjust *reeth-meezo*
ρυθμίζω
admission charge *ee eeso-
dhos* η είσοδος
adopted (*child*) *ee-othetee-
menos* υιοθετημένος
adult *o enee-leekos* ο
ενήλικος

advance: in advance *prokata-voleekos* προκαταβολικώς

advertisement *(in paper, on TV)* *ee dhee-afee-meesee* η διαφήμιση

aerial *ee an-dena* η αντένα

afford: I can't afford it *dhen ekho arke-ta khree-mata* δεν έχω αρκετά χρήματα

afraid: I'm afraid *fovoo-me* φοβούμαι

African *afreeka-neekos* αφρικανικός

after(wards) *argho-tera* αργότερα

afternoon *to apo-yevma* το απόγευμα

aftershave *afterse-eev* άφτερσεϊβ

again *palee* πάλι

against *dheepla se* δίπλα σε

age *ee eeleekee-a* η ηλικία

agent *o prak-toras* ο πράκτορας

ago: a week ago *preen mee-a vdho-madha* πριν μία βδομάδα

agreed *seem-fonee!* σύμφωνοι!

air *o a-eras* ο αέρας || **air conditioning** *o kleemateesmos* ο κλιματισμός || **air filter** *to feeltro a-era* το φίλτρο αέρα || **air host-**

ess *ee aero-seenodhos* η αεροσυνοδός || **airline** *aero-poreekee e-teree-a* η αεροπορική εταιρία || **air mail** *aero-poreekos* αεροπορικώς || **air-mattress** *to stroma ya tee thalasa* το στρώμα για τη θάλασσα || **airport** *to aero-dhromee-o* το αεροδρόμιο

alarm clock *to kseepnee-teeree* το ξυπνητήρι

album *(record / for photos)* *to aloom* το άλμπουμ

alcohol *to eenop-nevma* το οινόπνευμα

alcoholic *(drink)* *eenop-nevma-todhees* οινοπνευματώδης

alive *zondanos* ζωντανός

all *olos* όλος || **all the milk** *olo to ghala* όλο το γάλα || **all (the) boys** *ola ta aghoree-a* όλα τα αγόρια || **all (the) girls** *ola ta koreetsee-a* όλα τα κορίτσια

allergic to *aler-yeekos sta* αλλεργικός στα

allow *epee-trepo* επιτρέπω

all right: are you all right? *ee-se endaksee?* είσαι εντάξει; || **all right, I'm coming** *endaksee, erkho-me* εντάξει, έρχομαι

almond *to ameegh-dhalo* το αμύγδαλο

almost *skhedhon* σχεδόν

alone *monos* μόνος

along: along the street *kata meekos too dhromoo* κατά μήκος του δρόμου

already *kee-olas* κιόλας

also *epeesees* επίσης

altar *ee ayee-a tra-peza* η Αγία Τράπεζα

alternator *o ena-laktees* ο εναλλάκτης

although *an-ge* άνκαι

altitude *to eepso-metro* το υψόμετρο

always *panda* πάντα

am: I am *ee-me* είμαι

ambassador *o/ee pres-veftees* ο/η πρεσβευτής

ambulance *to astheno-foro* το ασθενοφόρο

America *ee ameree-kee* η Αμερική ‖ **American** *ameree-kanos* Αμερικανός

among *metak-see* μεταξύ

amount *(total) to olee-ko poso* το ολικό ποσό ‖ *(sum) to athrees-ma* το άθροισμα

an *enas/mee-a/ena* ένας/μία/ένα

anaesthetic *to anes-theeteeko* το αναισθητικό

anchor *ee angeera* η άγκυρα

and *ke* και

angry *theemo-menos* θυμωμένος

animal *to zo-o* το ζώο

ankle *o astra-ghalos* ο αστράγαλος

anniversary *ee e-petee-os* η επέτειος

another *alos* άλλος

answer[1] *n ee apan-deesee* η απάντηση

answer[2] *vb apan-do* απαντώ ‖ **to answer a question/someone** *apan-do se mee-a ero-teesee/se kapee-on* απαντώ σε μία ερώτηση/σε κάποιον

antibiotics *ta andeevee-oteeka* τα αντιβιοτικά

antifreeze *to andee-peekteeko eeghro* το αντιπηκτικό υγρό

antique *ee andeeka* η αντίκα

antiseptic *to andeeseep-teeko* το αντισηπτικό

any: I haven't any money *dhen ekho khree-mata* δεν έχω χρήματα ‖ **have you any apples?** *ekh-e-te meela?* έχετε μήλα; **anybody** *(in questions)* **do you see anybody?** *vle-*

pe-te ka-nena? βλέπετε κανένα; ‖ **I can't see anybody** *dhen vlepo kanena* δεν βλέπω κανένα
anything *(in questions)* **do you want anything?** *the-le-te tee-pota?* θέλετε τίποτα; ‖ **anything else?** *the-le-te tee-potalo?* θέλετε τίποτ' άλλο;
anyway *opos-dheepo-te* οπωσδήποτε
anywhere *opoo-dheepo-te* οπουδήποτε ‖ **I can't find it anywhere** *dhen to vreesko poo-thena* δεν το βρίσκω πουθενά
aperitif *to aperee-teef* το απεριτίφ
appendicitis *ee skoleeko-eedhee-teedha* η σκωληκοειδίτιδα
apple *to meelo* το μήλο
appointment *to ran-devoo* το ραντεβού
apricot *to veree-koko* το βερύκοκκο
April *o apreelees* ο Απρίλης
architecture *ee arkhee-tekto-neekee* η αρχιτεκτονική
are: we are *ee-mas-te* είμαστε ‖ **you are** *ees-te* είστε ‖ **they are** *ee-ne* είναι

area *(surface)* *ee epeefanee-a* η επιφάνεια ‖ *(region)* *ee peree-okhee* η περιοχή
arm *to bratso* το μπράτσο ‖ **armbands** *ta soseevee-a kheree-on* τα σωσίβια χεριών
around *yeero* γύρω
arrange *kano-neezo* κανονίζω
arrival *ee afeek-see* η άφιξη
arrive *ftano* φτάνω
art gallery *(museum)* *ee peenako-theekee* η πινακοθήκη
arthritis *ee arthree-teedha* η αρθρίτιδα
artificial *tekh-neetos* τεχνητός
artist *o/ee kalee-tekhnees* ο/η καλλιτέχνης
as *san* σαν ‖ **as big as** *megh-alos sa* μεγάλος σα
ash *(from burning)* *ee stakh-tee* η στάχτη
ashamed: I'm ashamed *drepo-me* ντρέπομαι
ashore *stee kseera* στη ξηρά
ashtray *to ta-sakee* το τασάκι
ask *roto* ρωτώ ‖ *(invite)* *pros-kalo* προσκαλώ ‖ **to ask for something** *zeeto*

katee ζητώ κάτι || **to ask someone to...** *para-kalo* **kapee-on na...** παρακαλώ κάποιον να...

asleep *keemees-menos* κοιμισμένος

asparagus *to spa-rangee* το σπαράγγι

aspirin *ee aspee-reenee* η ασπιρίνη

assistant *(in shop)* o/ee *eepa-leelos* ο/η υπάλληλος

asthma *to asthma* το άσθμα

at *se* σε

attendant *(at petrol station)* o/ee *eepa-leelos* ο/η υπάλληλος

aubergine *ee meleed-zana* η μελιτζάνα

auction *ee dheemo-prasee-a* η δημοπρασία

August *o av-ghoostos* ο Αύγουστος

aunt *ee thee-a* η θεία

au pair *ee goover-nanda* η γκουβερνάντα

Australia *ee af-stralee-a* η Αυστραλία || **Australian** *af-stralos* Αυστραλός

author *o/ee seengrafe-as* ο/η συγγραφέας

automatic *afto-matos* αυτόματος

autumn *to ftheeno-poro* το φθινόπωρο

avocado *to avo-kato* το αβοκάτο

avoid *apo-fevgho* αποφεύγω

awake *kseepnee-os* ξύπνιος

away *(not here)* **he's/ she's/it's away** *leepee* λείπει || **10 kilometres away** *dheka kheelee-ometra a-pedho* 10 χιλιόμετρα απ' εδώ

awful *as-kheemos* άσχημος

axe *to tse-kooree* το τσεκούρι

axle *o aksonas* ο άξονας

B

B positive / negative *veeta thetee-ko/arnee-teeko* Β θετικό/ αρνητικό

baby *to moro* το μωρό || **baby food** *ee vrefee-kes tro-fes* οι βρεφικές τροφές || **babysitter** *ee be-eebee-seeter* η μπέιμπισίτερ || **babysitting service** *ee eepee-resee-a be-eebee-seeter* η υπηρεσία μπέιμπισίτερ || **baby wipes** *to dhroso-mandeelo* το δροσομάντηλο

back¹ adj (not front) peeso
πίσω

back² n (of person) ee rakhee
η ράχη || (of head, house,
cheque) to peeso meros
το πίσω μέρος || **in the
back** (of car) sto peeso
kathees-ma στο πίσω
κάθισμα

backwards (go) pros ta
peeso προς τα πίσω ||
(fall) peeso πίσω

bacon be-eekon μπαίηκον

bad kakos κακός || (food)
khalas-menos
χαλασμένος

bag (small) ee tsanda
η τσάντα || (suitcase) ee
valeet-sa η βαλίτσα

baggage reclaim ee ana-
zeeteesee apo-skevon η
αναζήτηση αποσκευών

baker's o foornos ο
φούρνος

balcony to balkonee το
μπαλκόνι || (in theatre) o
ek-sostees ο εξώστης

bald (person) fala-kros
φαλακρός || (tyre) fthar-
meno φθαρμένο

ball ee bala η μπάλα

ballet to ba-leto το
μπαλλέτο

ballpoint to steelo το στυλό

banana ee banana η
μπανάνα

band (musical) ee or-
kheestra η ορχήστρα

bandage o epee-dhesmos
ο επίδεσμος

bank ee tra-peza η τράπεζα
|| **bank holiday** ee aryee-
a η αργία

bar to bar το μπαρ

barber o koore-as ο
κουρέας

bargain (transaction) to
paza-rema το παζάρεμα
|| (good buy) ee ef-keree-
a η ευκαιρία

barmaid ee servee-tora η
σερβιτόρα

barman o barman ο
μπάρμαν

basket to kalathee το
καλάθι

bath (tub) to banee-o
το μπάνιο || **to take a
bath** kano banee-o κάνω
μπάνιο

bathe kano banee-o κάνω
μπάνιο || **bathing cap** o
skoofos too banee-oo o
σκούφος του μπάνιου ||
bathing costume to mayo
το μαγιό

bathroom to banee-o το
μπάνιο

battery (for car, torch etc) ee
bataree-a η μπαταρία

bay o kolpos ο κόλπος

beach ee plaz η πλαζ

bean (*haricot*) *to fasolee* το φασόλι || (*broad*) *to kookee* το κουκκί || (*green*) *to faso-lakee* το φασολάκι

beautiful *omorfos* όμορφος

because *yatee* γιατί

bed *to kre-vatee* το κρεββάτι

bedding *ta kleeno-skepasmata* τα κλινοσκεπάσματα

bedroom *ee krevato-kamara* η κρεββατοκάμαρα

bee *ee meleesa* η μέλισσα

beef *to vodhee-no* το βοδινό

beer *ee beera* η μπύρα

beetroot *to pand-zaree* το παντζάρι

before (*time*) *preen* πριν || (*place*) *brosta* μπροστά

begin *ar-kheezo* αρχίζω

behind *peeso* πίσω

beige *bez* μπεζ

believe *pee-stevo* πιστεύω

bell (*in church*) *ee kambana* η καμπάνα || (*on door*) *to koo-dhoonee* το κουδούνι

below *kato apo* κάτω από

belt *ee zonee* η ζώνη

bend *ee strofee* η στροφή

bent *lee-yeesmenos* λυγισμένος

berry *to mooro* το μούρο

berth (*bed*) *ee koo-keta* η κουκέτα

beside *dheepla se* δίπλα σε

best *o kalee-teros* ο καλύτερος

better *kalee-teros* καλύτερος

between *metak-see* μεταξύ

beyond *pera apo* πέρα από

bicycle *to podhee-lato* το ποδήλατο

big *megh-alos* μεγάλος

bikini *to beekeenee* το μπικίνι

bill *o logharee-asmos* ο λογαριασμός

bin *o kala-thos ton akhreeston* ο κάλαθος των αχρήστων

binoculars *ta kee-alee-a* τα κιάλια

bird *to poolee* το πουλί

birthday *ta yenethlee-a* τα γενέθλια || **birthday card** *ee karta yenethlee-on* η κάρτα γενεθλίων

bit: a bit (of) *ena komatee* ένα κομμάτι

bite *dhan-gono* δαγκώνω || **he has been bitten** *dhango-thee-ke* δαγκώθηκε

bitter *peekros* πικρός

black *mavros* μαύρος || **black coffee** *kafes khorees*

*gha*la καφές χωρίς γάλα
|| **black ice** *ma*vros
*pa*ghos μαύρος πάγος

blackcurrant *to mavro
frango-stafeelo* το μαύρο
φραγκοστάφυλο

bladder *ee keestee* η κύστη

blanket *ee koo-verta* η
κουβέρτα

bleach *to lefkan-deeko* το
λευκαντικό

bleed *matono* ματώνω

blind *teeflos* τυφλός

blister *ee foo-skala* η
φουσκάλα

blocked (*pipe*) *voolo-menos*
βουλωμένος || (*nose*)
kleestos κλειστός

blood *to ema* το αίμα ||
blood group *ee omadha
ematos* η ομάδα αίματος

blouse *ee blooza* η μπλούζα

blow *feesa-o* φυσάω ||
(*fuse, light bulb*) *ke-o-me*
καίομαι

blow-dry *stegh-noma*
στέγνωμα

blue *ghalazee-os* γαλάζιος

board (*ship, plane*) *epee-
veeva-zome*
επιβιβάζομαι || **boarding
card** *to dheltee-o epee-
veevase-os* το δελτίο
επιβιβάσεως

boat (*small*) *ee varka* η
βάρκα || (*ship*) *to plee-o*

το πλοίο || **boat trip** *ee
varkadha* η βαρκάδα

bobsleigh *to elkee-thro* το
έλκηθρο

body *to soma* το σώμα

boil *vrazo* βράζω || **boiled
egg** *av-gho vrasto* αυγό
βραστό

bomb *ee vomva* η βόμβα

bone *to ko-kalo* το κόκκαλο

bonnet (*of car*) *to kapo* το
καπό

book[1] *n* *to veevlee-o* το
βιβλίο || **book of tickets**
*to veevlee-arakee eesee-
teeree-on* το βιβλιαράκι
εισητηρίων

book[2] *vb* (*room, ticket*)
kleeno κλείνω

booking: to make a booking
kleeno thesee κλείνω
θέση || **booking office** *to
tamee-o* το ταμείο

book shop *to veevlee-
opolee-o* το βιβλιοπωλείο

boot (*of car*) *to port-bagaz*
το πορτ-μπαγκάζ || (*to
wear*) *ee bota* η μπότα

border (*frontier*) *ta seen-
ora* τα σύνορα || (*edge*)
o yeeros ο γύρος

boring *anee-aros* ανιαρός

born: I was born in 1960
*yenee-theeka to kheelee-
a ena-kosa ekseen-da*
γεννήθηκα το 1960

both *ke ee dhee-o* και οι
δυο

bottle *to boo-kalee*
το μπουκάλι || **bottle
opener** *to aneekh-teeree
ya boo-kales* το ανοιχτήρι
για μπουκάλες

bottom *to kato meros* το
κάτω μέρος || *(of person)*
o peesee-nos ο πισινός
|| *(of sea)* ο *patos* ο
πάτος

bow *(of ship)* ee *ploree* η
πλώρη || *(ribbon, string)*
o fee-ongos ο φιόγκος

bowels *ta endera* τα έντερα

bowl *ee lekanee* η λεκάνη

box *(container)* to *keevotee-
o* το κιβώτιο ||
(cardboard) to *kootee* το
κουτί

box office *to tamee-o* το
ταμείο

boy *to agho-ree* το αγόρι

boyfriend *o feelos* ο φίλος

bra *to sootee-en* το σουτιέν

bracelet *to vrakhee-olee* το
βραχιόλι

brake fluid *to eeghro
ton frenon* το υγρό των
φρένων

brakes *ta frena* τα φρένα

branch *(of tree)* to *kladhee*
το κλαδί || *(of bank
etc)* to *pararteema* το
παράρτημα

brand *ee marka* η μάρκα

brandy *to konee-ak* το
κονιάκ

brass *o broond-zos* ο
μπρούντζος

bread *to psomee* το ψωμί

break *spazo* σπάζω

breakable *ef-thrav-stos*
εύθραυστος

breakdown *ee vlavee* η
βλάβη || **breakdown van**
*to seeneeryee-o dhee-
aso-se-os* το συνεργείο
διασώσεως

breakfast *to pro-yevma* το
πρόγευμα

breast *to steethos* το
στήθος

breathe *anapne-o* αναπνέω

breeze *to a-erakee* το
αεράκι

bridge *ee yefeera* η γέφυρα

briefs *ee kee-lota* η κυλότα

bright *lambros* λαμπρός ||
(room) *fotse-nos* φωτεινός
|| *(weather)* *katha-ros*
καθαρός

bring *ferno* φέρνω

Britain *ee vretanee-
a* η Βρεττανία || **British**
vreta-nos Βρεττανός

broad *fardhees* φαρδύς

brochure *to en-deepo* το
έντυπο

broken *spas-menos*
σπασμένος || **broken**

down khalas-menos χαλασμένος

bronchitis ee vronkhee-teedha η βρογχίτιδα

bronze o broond-zos ο μπρούντζος

brooch ee karfeet-sa η καρφίτσα

broom ee skoopa η σκούπα

brother o adhel-fos ο αδελφός

brown kafe καφέ || **brown paper** to khartee peree-teeleegh-matos το χαρτί περιτυλίγματος

bruise ee melanee-a η μελανιά

brush ee voort-sa η βούρτσα

bucket o koovas ο κουβάς

buffet o boo-fes ο μπουφές

build khteezo χτίζω

building to kteeree-o το κτίριο

bulb (light) ee lamba η λάμπα

bull o tavros ο ταύρος

bumper o profee-lakteeras ο προφυλακτήρας

burn to en-gavma το έγκαυμα || **burnt** ka-menos καμένος

burst skazo σκάζω || **we had a burst tyre** mas epee-ase las-teekho μας έπιασε λάστιχο

bus to leo-foree-o το λεωφορείο || **bus station** o stath-mos too leo-foree-oo ο σταθμός του λεωφορείου || **bus stop** ee stasee too leo-foree-oo η στάση του λεωφορείου || **bus tour** ee ek-dhromee me leo-foree-o η εκδρομή με λεωφορείο

bush o thamnos ο θάμνος

business ee dhoolee-a η δουλειά || **business card** ee epan-gelmateekee karta η επαγγελματική κάρτα || **business trip** to epeekheeree-mateeko tak-seedhee το επιχειρηματικό ταξίδι

busy apas-kholee-menos απασχολημένος

but ala αλλά

butcher's to kreo-polee-o το κρεοπωλείο

butter o voo-teeros ο βούτυρος

butterfly ee peta-loodha η πεταλούδα

button to koombee το κουμπί

buy agho-razo αγοράζω

by prep (beside) konda se κοντά σε || (time) mekhree μέχρι

C

cabaret *to kabare* το καμπαρέ

cabbage *to lakhano* το λάχανο

cabin *ee kabeena* η καμπίνα

cablecar *o krema-stos seedheero-dhromos* ο κρεμαστός σιδηρόδρομος

café *to ka-fenee-o* το καφενείο

cake *to ghlee-keesma* το γλύκισμα

call *fonazo* φωνάζω

calm *eesee-khos* ήσυχος

camera *ee foto-ghrafeekee meekha-nee* η φωτογραφική μηχανή || *(movies) ee see-ne-kamera* η σινεκάμερα

camp *kata-skeenono* κατασκηνώνω || **camp-bed** *to kre-vatee ek-stratee-as* το κρεββάτι εκστρατείας || **camp site** *khoros kata-skeeno-se-os* χώρος κατασκηνώσεως

can¹ *vb:* **I can** *boro* μπορώ || **you can** *borees* μπορείς || **he can** *boree* μπορεί

can² *n (of food) ee kon-serva* η κονσέρβα || *(for oil) o te-ne-kes* ο τενεκές

Canada *o kana-dhas* ο Καναδάς || **Canadian** *kana-dhos* Καναδός

cancel *akee-rono* ακυρώνω

candle *to keree* το κερί

canoe *to kano* το κανό

can opener *to aneekh-teeree* το ανοιχτήρι

capital *(town) ee pro-te-voosa* η πρωτεύουσα

captain *o plee-arkhos* ο πλοίαρχος

car *to afto-keeneeto* το αυτοκίνητο

carafe *ee karafa* η καράφα

caravan *to trokho-speeto* το τροχόσπιτο || **caravan site** *khoros stath-mef-seos ya trokho-speeta* χώρος σταθμεύσεως για τροχόσπιτα

carburettor *to karbee-rater* το καρμπιρατέρ

card *ee karta* η κάρτα

cardigan *to plekto* το πλεκτό

care: I don't care *dhe me nee-azee* δε με νοιάζει

careful *prosek-teekos* προσεκτικός || **be careful** *pro-sek-se* πρόσεξε

careless *apro-sektos* απρόσεκτος

car number *areeth-mos*

afto-kee**nee**too αριθμός αυτοκινήτου

car park to **par**keeng πάρκινγκ

carpet to khalee το χαλί || (fitted) ee mo-**ke**ta η μοκέτα

carriage (railway) to vaghonee το βαγόνι || (transport of goods) ee meta-**fora** η μεταφορά

carrier bag ee sakoola η σακκούλα

carrot to karoto το καρότο

carry koo-valo κουβαλώ

cartridge (for camera) ee **fee**-seen-ges οι φύσιγγες || (for pen) ee amboola η άμπουλα

car wash to plee-**seemo** afto-kee**neeton** το πλύσιμο αυτοκινήτων

case ee eepo-thesee η υπόθεση || (suitcase) ee valeet-sa η βαλίτσα

cash[1] vb (cheque) eksar-**yee**rono εξαργυρώνω

cash[2] n ta metree-**ta** τα μετρητά || **cash desk** to **tamee**-o το ταμείο

cashier o tamee-**as** ο ταμίας

casino to ka**zeeno** το καζίνο

cassette ee ka-**seta** η κασέτα

castle to kastro το κάστρο

cat ee ghata η γάτα

catalogue o kata-loghos ο κατάλογος

catch pee-ano πιάνω

cathedral o kathedh-ree**kos** na-os ο καθεδρικός ναός

Catholic katho-lee**kos** Καθολικός

cauliflower to koonoo-**pee**dhee το κουνουπίδι

cause pro-**kalo** προκαλώ

cave ee speelee-**a** η σπηλιά

ceiling to tavanee το ταβάνι

celery to seleeno το σέλινο

cellar to kelaree το κελλάρι

cemetery to nekro-**tafee**-o το νεκροταφείο

centigrade kelsee-oo κελσίου

centimetre o pondos ο πόντος

central kendree-kos κεντρικός || **central heating** ee kendree-**kee** therman-see η κεντρική θέρμανση

centre to kendro το κέντρο

cereal (for breakfast) to seeree-al το σηριαλ

certain ve-ve-os βέβαιος

certificate to peestopee-**eeteeko** το πιστοποιητικό

chain ee alee-**seedha** η αλυσίδα

chair ee karek-la η καρέκλα

champagne ee sambanee-

a η σαμπάνια

change[1] *n* ee ala-*yee* η αλλαγή ‖ *(money)* ta resta τα ρέστα

change[2] *vb* alazo αλλάζω ‖ **changing room** *(beach, sports)* to apodhee-**teer**ee-o το αποδυτήριο ‖ *(in shop)* to dhokee-mas**tee**ree-o το δοκιμαστήριο

chapel to parek-**lees**ee το παρεκκλήσι

charge ee teemee η τιμή

charter flight ee navlo-menee **ptees**ee η ναυλωμένη πτήση

cheap fteeno φτηνό ‖ **cheaper** fteeno-tero φτηνότερο

check elen-kho ελέγχω ‖ **to check in** na ee-me sto aero-**dhrom**ee-o να είμαι στο αεροδρόμιο ‖ **check-in desk** o elen-khos eesee-tee**ree**-on ο έλεγχος εισητηρίων

cheek to ma-**ghoolo** το μάγουλο

cheeky thrasees θρασύς

cheers! steen ee-**ya** sas στην υγειά σας

cheese to teeree το τυρί

chef o arkheema-yeeras ο αρχιμάγειρας

chemist o farma-kopee-os ο φαρμακοποιός ‖

chemist's to farmakee-o το φαρμακείο

cheque ee epee-tayee η επιταγή ‖ **cheque book** to veevlee-arakee epee-taghon το βιβλιαράκι επιταγών

cherry to kerasee το κεράσι

chess to ska**kee** το σκάκι

chest to **steet**hos το στήθος

chestnut to kastano το κάστανο

chewing gum ee tseekh-la η τσίχλα

chicken to koto-poolo το κοτόπουλο

chickenpox ee anemo-vloya η ανεμοβλογιά

chilblain ee khee-oneestra η χιονίστρα

child to pedhee το παιδί

chilli ee kokeeno-peeperee-a η κοκκινοπιπεριά

chin to pee-ghoonee το πηγούνι

china ee porse-lanee η πορσελάνη

chips pata-tes teeghanee-tes πατάτες τηγανιτές

chocolate ee soko-lata η σοκολάτα

choke to tsok το τσοκ

choose dhee-alegho διαλέγω

chop *(meat)* ee bree-zola η μπριζόλα

Christian name *to onoma* το όνομα

Christmas *ta khreestoo-yena* τα Χριστούγεννα

church *ee ekleesee-a* η εκκλησία || **churchyard** *to nekro-tafee-o* το νεκροταφείο

cider *o meeleetees* ο μηλίτης

cigar *to pooro* το πούρο

cigarette *to tsee-gharo* το τσιγάρο

cine-camera *ee seene-kamera* η σινεκάμερα

cinema *o keeneema-toghrafos* ο κινηματογράφος

cinnamon *ee kanela* η κανέλα

circle *o keeklos* ο κύκλος || *(in theatre) o ekso-stees* ο εξώστης

circus *to tseerko* το τσίρκο

city *ee polee* η πόλη

clam *ee akhee-vadha* η αχιβάδα

class *ee taksee* η τάξη

clean[1] *adj katha-ros* καθαρός

clean[2] *vb katha-reezo* καθαρίζω

cleaner *(in house etc) ee katha-reestree-a* η καθαρίστρια

cleansing cream *ee krema*

katha-reesmoo η κρέμα καθαρισμού

clear *katha-ros* καθαρός || *(obvious) fa-neros* φανερός || *(transparent) dhee-avyees* διαυγής

clerk *o/ee eepa-leelos* ο/η υπάλληλος

clever *ekseep-nos* έξυπνος

client *o/ee pela-tees* ο/η πελάτης

cliff *o gremos* ο γκρεμός

climate *to kleema* το κλίμα

climbing *ee oree-vasee-a* η ορειβασία || **climbing boots** *ee bo-tes oree-vasee-as* οι μπότες ορειβασίας

cloakroom *ee garda-roba* η γκαρνταρόμπα

clock *to rolo-ee* το ρολόι

close[1] *vb kleeno* κλείνω

close[2] *adj (near) kondee-nos* κοντινός || *(weather) apopneekh-teekos* αποπνιχτικός

closed *kleestos* κλειστός

cloth *to panee* το πανί || *(for floor) to sfoonga-ropano* το σφουγγαρόπανο

clothes *ta rookha* τα ρούχα || **clothes peg** *to manda-lakee* το μανταλάκι

clouds *ta see-nefa* τα σύννεφα

cloudy *seenefee-asmenos* συννεφιασμένος

cloves *ta gharee-fala* τα γαρύφαλλα

club *ee leskhee* η λέσχη

clumsy *adheksee-os* αδέξιος

clutch *o seem-plektees* ο συμπλέκτης

coach *(railway) to vaghonee* το βαγόνι || *(bus) to poolman* το πούλμαν || *(instructor) o propo-neetees* ο προπονητής || **coach trip** *to tak-seedhee me poolman* το ταξίδι με πούλμαν

coal *to kar-voono* το κάρβουνο

coarse *khondros* χοντρός

coast *ee ak-tes* οι ακτές || **coastguard** *ee akto-feelakee* η ακτοφυλακή

coat *to palto* το παλτό || **coat hanger** *ee krema-stra* η κρεμάστρα

cockle *to ko-kheelee* το κοχύλι

cocktail *to kokte-eel* το κοκτέιλ

cocoa *to kaka-o* το κακάο

coconut *ee kareedha* η καρύδα

cod *ee mooroona* η μουρούνα

coffee *o ka-fes* ο καφές

coin *to nomees-ma* το νόμισμα

cold *kree-os* κρύος || **I have a cold** *ee-me kree-o-menos* είμαι κρυωμένος || **I'm cold** *kree-ono* κρυώνω

collar *o kolaros* ο κολλάρος

collect *(as hobby) seelo-yee* κάνω συλλογή

collection *(of stamps etc) ee seelo-yee* η συλλογή

colour *to khroma* το χρώμα || **colour film** *to enkhromo feelm* το έγχρωμο φιλμ

comb *ee khtena* η χτένα

come *erkho-me* έρχομαι || **to come back** *yee-reezo* γυρίζω || **to come in** *beno* μπαίνω || **to come off** *(button, mark) vyeno* βγαίνω || **to come out** *(stain) vyeno* βγαίνω || **to come round** *seener-kho-me* συνέρχομαι

comedy *ee komodhee-a* η κωμωδία

comfortable *anapaf-teekos* αναπαυτικός

common *keenos* κοινός

communication cord *to koo-dhoonee keen-dheenoo* το κουδούνι κινδύνου

communion *ee thee-a keenonee-a* η θεία κοινωνία

company *ee e-teree-a* η εταιρία

compare *seen-greeno* συγκρίνω

compartment *to dhee-a-merees-ma* το διαμέρισμα

compass *ee peek-seedha* η πυξίδα

competition *o seenagho-neesmos* ο συναγωνισμός

complain *para-ponoo-me* παραπονούμαι

complaint *(about goods etc)* *to para-pono* το παράπονο

completely *telee-os* τελείως

complicated *peree-plokos* περίπλοκος

comprehensive insurance *ee pleerees asfa-leesee* η πλήρης ασφάλιση

compulsory *eepokhre-oteekos* υποχρεωτικός

computer *to kompee-ooter* το κομπιούτερ

concert *ee seenavlee-a* η συναυλία

concussion *ee dhee-aseesee* η διάσειση

condition *kata-stasee* κατάσταση

conditioner *to kondeese-*

oner το κοντίσιονερ

conductor *(in bus, train)* *o ees-prak-toras* ο εισπράκτορας

confession *(religious)* *ee eksomolo-yeesee* η εξομολόγηση

confidential *embee-stefteekos* εμπιστευτικός

confirm *epee-veve-ono* επιβεβαιώνω

congratulations! *seenkharee-teeree-a* συγχαρητήρια

conjunctivitis *ee epee-pefee-keeteedha* η επιπεφυκίτιδα

connection *(trains etc)* *ee seen-dhesee* η σύνδεση

conscious *seenee-dheetos* συνειδητός

constipated: to be constipated *ekho dheeskeelee-oteeta* έχω δυσκοιλιότητα

consul *o prok-senos* ο πρόξενος

consulate *to proksenee-o* το προξενείο

contact *epeekonono* επικοινωνώ ‖ **contact lenses** *ee fakee epa-fees* οι φακοί επαφής

Continental breakfast *to evropa-eeko pro-yevma* το Ευρωπαϊκό πρόγευμα

contraceptives *ta andeesee-leepteeka* τα αντισυλληπτικά

contract *ee **seem**-vasee* η σύμβαση

controls *ee peree-oreesmee* οι περιορισμοί || *(of car)* *to **see**-steema **elen**-khoo* το σύστημα ελέγχου

convenient *volee-kos* βολικός || *when it's convenient for you otan se vo-levee* όταν σε βολεύει

convent *ee monee yeene-**kon*** η μονή γυναικών

cook[1] *vb mayee-**revo*** μαγειρεύω

cook[2] *n o **ma**-yeeras/ ee ma-**yee**reesa* ο μάγειρας/η μαγείρισσα

cooker *ee koo-**zeena*** η κουζίνα

cool *dhro-seros* δροσερός || **cooling system** *to **see**-steema pseeksees* το σύστημα ψύξης

copper *o khalkos* ο χαλκός

copy *to andee-ghrafo* το αντίγραφο || *(of book) to andee-teepo* το αντίτυπο

cork *o felos* ο φελλός || **corkscrew** *to teer-**booson*** το τιρμπουσόν

corn *(sweet corn) to kalam-*

bokee το καλαμπόκι || *(on foot) o kalos* ο κάλος ||

corn on the cob *o aravo-seetos* ο αραβόσιτος

corner *ee **ghonee**-a* η γωνία

correct *sostos* σωστός

corridor *o dhee-adhromos* ο διάδρομος

cortisone *ee kortee-**zonee*** η κορτιζόνη

cosmetics *ta kaleen-deeka* τα καλλυντικά

cost *stee-**khee**zo* στοιχίζω

cot *to kreva-**takee*** το κρεββατάκι

cotton (wool) *to vam-**vakee*** το βαμβάκι

couch *to deevanee* το ντιβάνι

couchette *ee koo-**keta*** η κουκέτα

cough *o veekhas* ο βήχας || **cough medicine** *to far-mako ya to **veekha*** το φάρμακο για το βήχα

count *metro* μετρώ

counter *o pangos* ο πάγκος

country *ee khora* η χώρα || *(not town) ee ek-**sokhee*** η εξοχή

couple *to zev-**gharee*** το ζευγάρι

courgette *to kolokee-**thakee*** το κολοκυθάκι

courier *(for tourists) o/ ee seen-**odhos*** ο/η

συνοδός

course *to* pee-ato το πιάτο

courtyard *ee* avlee η αυλή

cousin *o* eksa-dhelfos/ *ee* eksa-dhelfee ο εξάδελφος/η εξαδέλφη

cover[1] *n* to ka-leema το κάλυμμα

cover[2] *vb* ske-pazo σκεπάζω || **cover charge** *ee* kaleep-see η κάλυψη

cow *ee* a-yeladha η αγελάδα

crab *to* ka-vooree το καβούρι

crack[1] *vb* ra-yeezo ραγίζω

crack[2] *n* ee rogh-mee η ρωγμή

crash helmet *to* prosta-tefteeko kranos το προστατευτικό κράνος

crayons *ta* kra-yonee-a τα κραγιόνια

cream *ee* krema η κρέμα

creche *o* vrefee-kos stath-mos ο βρεφικός σταθμός

credit card *ee* peesto-teekee karta η πιστωτική κάρτα

crew *to* plee-roma το πλήρωμα

crimson *to* porfee-ro το πορφυρό

crisp kserop-seemenos ξεροψημένος

crocheted kro-se κροσέ

crooked stravos στραβός

croquette *ee* kro-keta η κροκέτα

cross[1] *n* o stavros ο σταυρός

cross[2] *vb* perno ape-nandee περνώ απέναντι || (*cheque*) dhee-aghra-meezo διαγραμμίζω

crossing (*voyage*) *to* tak-seedhee το ταξίδι || (*for pedestrians, trains*) *ee* dhee-avasee η διάβαση

crossroads *to* stavro-dhromee το σταυροδρόμι

crowded yematos γεμάτος

crown *ee* korona η κορώνα

crucifix *o* estav-romenos ο εσταυρωμένος

cruise *ee* kroo-azee-era η κρουαζιέρα

crush seen-dreevo συντρίβω

cry kle-o κλαίω

crystal *to* kreestalo το κρύσταλλο

cucumber *to* angooree το αγγούρι

cuddle angalee-azo αγκαλιάζω

cuff *to* manee-ketee το μανικέτι

cup *to* fleed-zanee το φλιτζάνι

cupboard *to* doo-lapee το ντουλάπι

cure *thera-pevo* θεραπεύω
curly *kat-saros* κατσαρός
currant *ee sta-feedha* η
σταφίδα
currency *to nomees-ma*
το νόμισμα || *(foreign)*
to seenalagh-ma το
συνάλλαγμα
current *(electric) to revma*
το ρεύμα
curtain *ee koorteena* η
κουρτίνα
curve *ee kambee* η καμπή
cushion *to maksee-laree* το
μαξιλάρι
custard *ee krema* η κρέμα
customs *to telonee-o*
το τελωνείο || **customs
officer** *o telonee-akos
eepa-leelos* ο
τελωνειακός υπάλληλος
cut[1] *vb kovo* κόβω ||
to cut off *dhee-akopto*
διακόπτω
cut[2] *n to kop-seemo* το
κόψιμο
cutlery *ta makhero-
peeroona* τα
μαχαιροπήρουνα
cycle *to podhee-lato* το
ποδήλατο
cycling *ee podhee-lasee-a*
η ποδηλασία
cyclist *o podheela-teestees*
ο ποδηλατιστής

D

damage *ee zeemee-a* η
ζημιά
damp *eeghros* υγρός
damson *to dhama-skeeno*
το δαμάσκηνο
dance *kho-revo* χορεύω
dangerous *epee-
keendheenos*
επικίνδυνος
dark *(colour) skooros*
σκούρος || **it's dark** *ee-
ne skotee-na* είναι
σκοτεινά
darn *man-daro* μαντάρω
dash(board) *to tablo* το
ταμπλό
date *ee eemero-meenee-a*
η ημερομηνία || **what's
the date?** *tee eemero-
meenee-a ee-ne?*
τι ημερομηνία είναι; ||
date of birth *ee eemero-
meenee-a yeneese-os*
ημερομηνία γεννήσεως
daughter *ee koree* η κόρη
day *ee mera* η μέρα
dead *petha-menos*
πεθαμένος
deaf *koofos* κουφός
dealer *o em-boros* ο
έμπορος
dear *agha-peetos*

αγαπητός || (expensive)
akree-**vos** ακριβός
|| **Dear Mary** agha-
peetee moo maree-a
Αγαπητή μου Μαρία ||
Dear Sir agha-peete
kee**ree**-e Αγαπητέ Κύριε
debt to **khre**-os το χρέος
decaffeinated khorees kafe-
eenee χωρίς καφεΐνη
December o dhekemvree-
os ο Δεκέμβριος
decide apofa-**seezo**
αποφασίζω
deck to kata-stroma
το κατάστρωμα || **deck
chair** ee sez-**long** η
σαιζλόγκ
declare dhee-**lono** δηλώνω
deep vathees βαθύς
deer to elafee το ελάφι
defrost (windscreen, food)
ksepa-**gho**no ξεπαγώνω
degree (on scale) o vath-**mos**
ο βαθμός || (university) to
ptee**khee**-o το πτυχίο
delay ee kathee-**ste**reesee
η καθυστέρηση
delicate leptos λεπτός
delicious **no**-steemos
νόστιμος
demonstration (of product
etc) ee epee-**dheek**see
η επίδειξη || (political)
ee dhee-a**dhee**-losee η
διαδήλωση

dented khteepee-**me**nos
χτυπημένος
dentist o/ee odhonto-
yatros ο/η
οδοντογιατρός
dentures ee odhondo-
steekhee-a η
οδοντοστοιχία
deodorant to apos-
mee**tee**ko το αποσμητικό
department (in store)
to **tmee**ma το τμήμα
|| **department store**
to poleeka-**tas**teema το
πολυκατάστημα
departure ee ana-
khoreesee η αναχώρηση
|| **departure lounge** ee
ethoo-sa ana-khoreese-on
η αίθουσα αναχωρήσεων
deposit (in bank) ee kata-
thesee η κατάθεση ||
(part payment) ee proka-
tavolee η προκαταβολή
describe peree-**ghra**fo
περιγράφω
design (pattern, decoration)
to **skhe**dhee-o το σχέδιο
desk (for writing) to ghra**fee**-
o το γραφείο
dessert to epee-**dhor**pee-
o το επιδόρπιο
|| **dessertspoon** to koo-
talee tees kom-**bos**tas το
κουτάλι της κομπόστας
details ee lepto-**me**ree-es

οι λεπτομέρειες

detour: to make a detour *vyeno apo to dhromo moo* βγαίνω από το δρόμο μου

develop *anap-teeso* αναπτύσσω

diabetic *dhee-avee-teekos* διαβητικός

dial (*phone number*) *perno areeth-mo* παίρνω αριθμό || **dialling code** *o teele-foneekos kodheekas* ο τηλεφωνικός κώδικας || **dialling tone** *o eekhos endheekse-os elef-therees ghramees* ο ήχος ενδείξεως ελεύθερης γραμμής

diamond *to dhee-amandee* το διαμάντι

diarrhoea *ee dhee-aree-a* η διάρροια

diary *to eemero-loyee-o* το ημερολόγιο

dice *ta zaree-a* τα ζάρια

dictionary *to leksee-ko* το λεξικό

did: I did it *egho to ekana* εγώ το έκανα || **did he go?** *pee-ye?* πήγε;

didn't: I didn't do it *dhen to ekana* δεν το έκανα

die *petheno* πεθαίνω

diesel *to deezel* το ντίζελ

diet *ee dhee-eta* η δίαιτα

different *dhee-afore-teekos* διαφορετικός

difficult *dhees-kolos* δύσκολος

dining room *ee trapezaree-a* η τραπεζαρία

dinner *to dheepno* το δείπνο

dipped headlights *khamee-lomena fota* χαμηλωμένα φώτα

direct *a-mesos* άμεσος

directory *o teele-foneekos kata-loghos* ο τηλεφωνικός κατάλογος

dirty *aka-thartos* ακάθαρτος

disabled *ana-peeros* ανάπηρος

disappointed *apogho-eetev-menos* απογοητευμένος

disco *ee deeskotheekee* η δισκοθήκη

discount *ee ek-ptosee* η έκπτωση

dish *to pee-ato* το πιάτο || **dishcloth** *to pee-atopano* το πιατόπανο

disinfectant *to apolee-mandeeko* το απολυμαντικό

dislocate *eksar-throno* εξαρθρώνω

disposable nappies *ee pa-*

nes mee-as khreesees οι πάνες μιας χρήσης

distance *ee apo-stasee* η απόσταση

distilled water *to apestaghmeno nero* το απεσταγμένο νερό

distributor *o katanemeetees* ο κατανεμητής

district *ee peree-feree-a* η περιφέρεια

disturb *enokh-lo* ενοχλώ

dive *vooto* βουτώ

divorcé(e) *o zondokheeros/ee zondokheera* ο ζωντοχήρος/ η ζωντοχήρα

dizzy *zalees-menos* ζαλισμένος

do: I do *kano* κάνω || **you do** *kanees* κάνεις || **do you like it?** *sas a-resee?* σας αρέσει; || **how do you do?** *khero polee!* χαίρω πολύ!

doctor *o/ee yatros* ο/ η γιατρός

documents *ta en-grafa* τα έγγραφα

does: he/she does *kanee* κάνει

dog *o skeelos* ο σκύλος

doll *ee kookla* η κούκλα

dollar *to dholaree-o* το δολλάριο

dome *o tholos* ο θόλος

donkey *to gha-eedhooree* το γαϊδούρι

door *ee porta* η πόρτα

double *dheeplos* διπλός || **double bed** *to dheeplo kre-vatee* το διπλό κρεββάτι || **double room** *to dhee-kleeno dhomatee-o* το δίκλινο δωμάτιο

down: to go down *kate-veno* κατεβαίνω || **to go down the road** *tha pa-o edho konda* θα πάω εδώ κοντά

downstairs *kato* κάτω

drachmas *dhrakh-mes* δραχμές

drain[1] *n o okhe-tos* ο οχετός

drain[2] *vb (vegetables)* *stran-geezo* στραγγίζω || *(tank)* *adhee-azo* αδειάζω

draught *(in room)* *to revma* το ρεύμα

draw *(picture)* *skhedhee-azo* σχεδιάζω || *(money)* *apo-seero* αποσύρω

drawer *to seer-taree* το συρτάρι

dreadful *tro-meros* τρομερός

dress[1] *n to fore-ma* το φόρεμα

dress[2] *vb deeno-me* ντύνομαι

dressing *(for salad)* *to ladho-lemono* το λαδολέμονο

drier o steghno-**teeras** ο στεγνωτήρας

drink[1] n to **poto** το ποτό || **have a drink** perno ena **poto** παίρνω ένα ποτό

drink[2] vb peeno πίνω || **drinking water** to **poseemo nero** το πόσιμο νερό

drip stazo στάζω

drive odhee-**gho** οδηγώ || **to go for a drive** pee-**yeno** peree-**pato** me to **afto-keeneeto** πηγαίνω περίπατο με το αυτοκίνητο || **driving licence** ee adhee-a **odhee-yeesees** η άδεια οδήγησης

driver o odhee-**ghos** ο οδηγός

drown pnee-gho-me πνίγομαι

drug (medicine) to **farma-ko** το φάρμακο

drum to **teem-bano** το τύμπανο

drunk methees-**menos** μεθυσμένος

dry[1] adj stegh-**nos** στεγνός

dry[2] vb stegh-**nono** στεγνώνω

dry cleaner's to kathare-**steeree-o** το καθαριστήριο

dual carriageway o **dhromos** me dhee-o **loreedhes** ο δρόμος με δύο λωρίδες

duck ee **papee-a** η πάπια

due: when is it due? (money) po-te **ee-**ne pleerote-**o?** πότε είναι πληρωτέο;

dull (weather) moon**dos** μουντός

dumb (unable to speak) voo**vos** βουβός

dummy (for baby) ee pee-**peela** η πιπίλα

dune o amo-**lofos** ο αμμόλοφος

during kata tee dhee-**arkee-a** κατά τη διάρκεια

dust ee **skonee** η σκόνη

duty (tax) o **dhasmos** ο δασμός || **duty-free** afo-**rolo-yeetos** αφορολόγητος || **duty-free shop** kata-**steema** afo-rolo-**yeeton** κατάστημα αφορολόγητων

duvet to **paplo-ma** το πάπλωμα

dynamo to dheena-**mo** το δυναμό

E

each ka-**the** κάθε || **10 drachmas each** dheka

drakh-mes o ka-thenas δέκα δραχμές ο καθ' ένας

eagle o a-etos ο αετός

ear to aftee το αυτί

earache: I have earache me pona-ee to aftee moo με πονάει το αυτί μου

earlier noree-tera νωρίτερα

early (in the morning) **norees** νωρίς

earn ker-dheezo κερδίζω

earphones ta akoo-steeka τα ακουστικά

earplugs to voo-loma ya taftee-a το βούλωμα για τ' αυτιά

earrings ta skoola-reekee-a τα σκουλαρίκια

earth ee yee η γη

east ee ana-tolee η ανατολή

Easter to paskha το Πάσχα

easy ef-kolos εύκολος

eat tro-o τρώω

economical eeko-nomeekos οικονομικός

eczema to ek-zema το έχζεμα

edge ee akree η άκρη

eel to khelee το χέλι

egg to av-gho το αυγό ||

eggs ta av-gha τα αυγά ||

eggcup ee avgho-theekee η αυγοθήκη

eight okh-to οκτώ

eighteen dheka-okhto δεκαοκτώ

eighth ogh-dho-os όγδοος

eighty ogh-dhonda ογδόντα

elastic to la-steekho το λάστιχο || **elastic band** to lastee-khakee το λαστιχάκι

elbow o an-gonas ο αγκώνας

electric eelek-treekos ηλεκτρικός || **electric blanket** ee eelek-treekee koo-verta η ηλεκτρική κουβέρτα || **electric fire** ee eelek-treekee ther-mastra η ηλεκτρική θερμάστρα

electrician o eelektro-loghos ο ηλεκτρολόγος

electricity o eelek-treesmos ο ηλεκτρισμός || **electricity meter** o metree-tees eelek-treesmoo ο μετρητής ηλεκτρισμού

electronic eelek-troneekos ηλεκτρονικός

eleven en-deka έντεκα

eleventh en-dhekatos ενδέκατος

embarrassed: to be embarrassed vreesko-me se amee-khanee-a βρίσκομαι σε αμηχανία

embarrassing enokh-leeteekos ενοχλητικός

embassy *ee presvee-a* η
πρεσβεία
embroidered *kendee-tos*
κεντητός
emerald *smaragh-dhee* το
σμαράγδι
**emergency: it's an
emergency** *ee-ne kree-
seemee peree-stasee*
είναι κρίσιμη περίσταση
|| **emergency windscreen**
to proso-reeno par-breez
το προσωρινό παρμπρίζ
empty[1] *adj adhee-os* άδειος
empty[2] *vb adhee-azo*
αδειάζω
enamel *to smalto* το σμάλτο
end[1] *n to telos* το τέλος
end[2] *vb telee-ono* τελειώνω
energetic *dhrasteeree-os*
δραστήριος
engaged *(to be married)*
*aravonee-asmenos/-
asmenee*
αρραβωνιασμένος/η
|| *(telephone, toilet)*
kateelee-menos
κατειλημένος
engine *ee mee-khanee* η
μηχανή
engineer *o meekha-neekos*
ο μηχανικός
England *ee anglee-
a* Η Αγγλία || **English**
anglos/angleedha
Άγγλος/Αγγλίδα

enjoy oneself *dhee-aske-
dhazo* διασκεδάζω
enough *arke-ta* αρκετά
|| **enough bread** *arke-
to psomee* αρκετό
ψωμί
enquiry desk/office
ghrafee-o pleero-foree-on
γραφείο πληροφοριών
entertainment *ee pseekha-
ghoyee-a* η ψυχαγωγία
enthusiastic *enthoosee-
asmenos* ενθουσιασμένος
entrance *ee eesodhos* η
είσοδος
envelope *o fa-kelos* ο
φάκελλος
epilepsy *ee epee-leepsee-a*
η επιληψία
equal *eesos* ίσος
equipment *o efodhee-
asmos* ο εφοδιασμός
escalator *ee keelee-
omenee skala* η
κυλιόμενη σκάλα
especially *eedhee-ka*
ειδικά
essential *apare-teetos*
απαραίτητος
Europe *ee evropee*
Η Ευρώπη || **European**
evropa-eekos
Ευρωπαϊκός
evaporated milk *to ghala
evapo-re* το γάλα
εβαπορέ

even: even you *akoma ke see* ακόμα και συ

evening *to vradhee* το βράδυ || **this evening** *apop-se* απόψε || **in the evening** *to vradhee* το βράδυ || **evening dress** *ee vradhee-nee endheemasee-a* η βραδινή ενδυμασία || **evening meal** *to vradhee-no* το βραδινό

every *ka-the* κάθε

everyone *olee* όλοι

everything *ola* όλα

everywhere *pandoo* παντού

exact *akree-vees* ακριβής

examination *ee ekse-tasee* η εξέταση

excellent *ekse-reteekos* εξαιρετικός

except *ektos apo* εκτός από

excess luggage *epee pleon apo-skeves* επί πλέον αποσκευές

exchange[1] *vb anda-lazo* ανταλλάζω

exchange[2] *n ee anda-layee* η ανταλλαγή || **exchange rate** *ee teemee too seenalagh-matos* η τιμή του συναλλάγματος

excited *enthoosee-asmenos* ενθουσιασμένος

exciting *seenar-pasteekos* συναρπαστικός

excursion *ee ek-dhromee* η εκδρομή

excuse me *me seenkho-reete* με συγχωρείτε

exhaust pipe *ee eksat-meesee* η εξάτμιση

exhibition *ee ek-thesee* η έκθεση

exit *ee ekso-dhos* η έξοδος

expect *peree-meno* περιμένω

expensive *akree-vos* ακριβός

expert *o/ee eedhee-kos* ο/η ειδικός

expire *leegho* λήγω

explain *eksee-gho* εξηγώ

explosion *ee ek-reeksee* η έκρηξη

exposure meter *to foto-metro* το φωτόμετρο

express *(train) ee takhee-a* η ταχεία || **express letter** *to ka-te-peeghon ghrama* το κατεπείγον γράμμα

extra: it costs extra *stee-kheezee epeeple-on* στοιχίζει επιπλέον || **extra time** *peree-soteros khronos* περισσότερος χρόνος || **extra money** *peree-sotera khree-mata* περισσότερα χρήματα

eye *to matee* το μάτι ||

eyes *ta ma***tee**-*a* τα μάτια
|| **eyebrow** *to* **free***dhee*
το φρύδι || **eyelash**
*ee vlefa-***ree***dha* η
βλεφαρίδα

F

fabric *to* **ee**-*fasma* το
ύφασμα
face *to* **pro**-*sopo* το
πρόσωπο || **face cloth**
*to panee to pro-***so***poo* το
πανί του προσώπου ||
face cream *ee krema to
pro-***so***poo* η κρέμα του
προσώπου
facilities *ee ef-***ko***lee-es* οι
ευκολίες
fact *to yegho-***nos** το
γεγονός
factory *to ergho-***sta***see-o*
το εργοστάσιο
failure *(mechanical)*
ee vlavee η βλάβη ||
*(electrical) ee dhee-ako***pee**
η διακοπή
faint *leepo-thee***mo**
λιποθυμώ
fair¹ *adj (hair) ksan***thos**
ξανθός
fair² *n (commercial) ee* **ek**-
thesee η έκθεση || *(fun
fair) to* **loo***na park* το
λούνα παρκ

faithfully: Yours faithfully
*me tee***mee** Με τιμή
fake *psef-***tee***kos* ψεύτικος
fall *pefto* πέφτω
false teeth *ee ma***se***les* οι
μασέλες
family *ee eeko-ye***nee**-*a* η
οικογένεια
famous *dhee-a***see***mos*
διάσημος
fan *(electric) o aneme***e**-
stee*ras* ο ανεμιστήρας
|| *(supporter) o thav-*
*ma***stees***/-***mas***tree-a* ο
θαυμαστής/η
θαυμάστρια || **fan belt**
*ee te***nee**-*a too a-neme***e**-
stee*ra* η ταινία του
ανεμιστήρα
far *makre***e**-*a* μακριά ||
how far is it to...? *poso*
*makre***e**-*a ee-ne...* ? πόσο
μακριά είναι...; || **is**
it far? *ee-ne makre***e**-*a?*
είναι μακριά;
fare *ta navla* τα ναύλα ||
*(in bus, train) to eese***e**-
tee*ree-o* το εισητήριο
farm *to aghrok-***tee***ma* το
αγρόκτημα
farmer *o ye-***or***ghos* ο
γεωργός
farther *pee-o makre***e**-*a* πιο
μακριά
fast *ghree***-***ghora* γρήγορα
fasten *dheno* δένω

fat[1] *adj* khondros χοντρός

fat[2] *n* to leepos το λίπος

father *o* pa-*teras* ο πατέρας

fault: it was not my fault *dhe* **fte**-*o egho* δε φταίω εγώ

favourite *o* pee-*o* agha-*peemenos* ο πιο αγαπημένος

fawn feo-*kee*treenos φαιοκίτρινος

feather to ftero το φτερό

February *o* fevro-*aree*-os ο Φεβρουάριος

fee ee amee-*vee* η αμοιβή || *(for tuition)* ta *dheedhak*-tra τα δίδακτρα

feed trefo τρέφω || *(baby)* ta-*eezo* ταΐζω

feel *(with hand etc)* pseela-*fo* ψηλαφώ || **I feel sick** thelo na kano eme-*to* θέλω να κάνω εμετό

felt-tip pen *o* marka-*dhoros* ο μαρκαδόρος

female theelee-*kos* θηλυκός

fence *o* fraktees ο φράκτης

ferry to feree-*bot* το φέρρυμπωτ

festival to festee*val* το φεστιβάλ

fetch ferno φέρνω

few: a few meree-*kee* μερικοί

fiancé(e) *o* mnee-*steeras*/ee mneestee ο μνηστήρας/η μνηστή

fibreglass *o* yalo-*vam*vakas ο υαλοβάμβακας

field to kho-*rafee* το χωράφι

fifteen dheka-*pen*-de δεκαπέντε

fifth pemb-*tos* πέμπτος

fifty peneen-*da* πενήντα

fight ee makhee η μάχη

fill ye-*meezo* γεμίζω || **to fill in** seemblee-*rono* συμπληρώνω || **filling** *(in cake etc)* to yemees-*ma* το γέμισμα || *(in tooth)* to sfra-*yeesma* το σφράγισμα || **to fill up** ye-*meezo* γεμίζω || **fill it up!** *(car)* ye-*mees*-te to γεμίστε το

film *(for camera)* to feelm το φιλμ || *(in cinema)* ee tenee-*a* η ταινία || **film show** ee para-*stasee* η παράσταση

filter to feeltro το φίλτρο || **filter-tipped** me feeltro με φίλτρο

fine[1] *n* to pros-*teemo* το πρόστιμο

fine[2] *adj* *(weather)* ore-*os* ωραίος || **fine!** ore-*a!* ωραία!

finger to dhak-*teelo* το δάκτυλο

finish tele-ono τελειώνω

fire ee thermas-tra
η θερμάστρα ||
fire! fotee-a!
φωτιά! || fire brigade
ee peeros-vesteekee
η πυροσβεστική || fire
extinguisher o peeros-
vesteeras ο
πυροσβεστήρας ||
fireworks ta
peerotekh-neemata
τα πυροτεχνήματα

first protos πρώτος || first
aid ee pro-tes vo-eethee-
es οι πρώτες βοήθειες
|| first class (seat etc) ee
protee taksee η πρώτη
τάξη || first floor to
proto patoma το πρώτο
πάτωμα || first name
to onoma το
όνομα

fish[1] n to psaree το ψάρι

fish[2] vb psa-revo ψαρεύω

fishing to psa-rema το
ψάρεμα || fishing rod to
kalamee το καλάμι

fit[1] adj (healthy) eeyee-ees
υγιής

fit[2] vb: it doesn't fit dhen
teree-azee δεν ταιριάζει

five pen-de πέντε

fix epeedhee-orthono
επιδιορθώνω || (arrange)
kano-neezo κανονίζω

fizzy aeree-ookhos
αεριούχος

flag ee seeme-a η σημαία

flash (on camera) to flas
το φλας || flash bulb ee
lamba flas η λάμπα φλας
|| flash cube o keevos
flas ο κύβος φλας

flask o thermos ο θέρμος

flat[1] adj epee-pedhos
επίπεδος

flat[2] n to dhee-amereesma
το διαμέρισμα

flavour ee yefsee η γεύση

flaw to ela-toma το
ελάττωμα

flea o pseelos ο ψύλλος

flight ee pteesee η πτήση
|| flight bag ee tsanda η
τσάντα

flippers ta pteree-yee-a τα
πτερύγια

flood ee plee-meera η
πλημμύρα

floodlit fotagho-yeemenos
φωταγωγημένος

floor to patoma το πάτωμα
|| (storey) o orofos ο
όροφος

flour to alev-ree το αλεύρι

flow re-o ρέω

flower to loo-loodhee το
λουλούδι

flu ee ghreepee η γρίππη

fluently me ef-kheree-a με
ευχέρεια

flush *(toilet) travo* το καζα-
nakee τραβώ το καζανάκι
fly[1] *vb peto* πετώ
fly[2] *n (insect) ee meegha* η
μύγα
fog *ee omeekh-lee* η
ομίχλη
foil *(for cooking) aseemo-
kharto* το ασημόχαρτο
fold *dheep-lono* διπλώνω
follow *ako-lootho*
ακολουθώ
food *to fa-yeeto* το φαγητό
|| **food poisoning**
*ee trofee-kee dheelee-
teeree-asee* η τροφική
δηλητηρίαση
foot *to podhee* το πόδι
|| *(measure)* = 30.48 cm
football *to podhos-fero* το
ποδόσφαιρο
for *ya* για
forbidden *apagho-revete*
απαγορεύεται
foreign *ksenos* ξένος
foreigner *o ksenos* ο ξένος
forest *to dhasos* το δάσος
forget *ksekh-no* ξεχνώ
fork *to pee-roonee* το
πηρούνι
form *(to fill in) to en-deepo*
το έντυπο
fortnight *to dhekapen-
theemero* το
δεκαπενθήμερο
forty *saranda* σαράντα

foundation cream *ee vasee*
η βάση
fountain *to seendree-vanee*
το σιντριβάνι
four *tesera* τέσσερα
fourteen *dheka-tesera*
δεκατέσσερα
fourth *te-tartos* τέταρτος
free *elef-theros* ελεύθερος
|| *(costing nothing) dho-re-
an* δωρεάν
freezer *o katap-seektees* ο
καταψύκτης
French beans *ta faso-lakee-
a* τα φασολάκια
frequent *seekh-nos* συχνός
fresh *freskos* φρέσκος
Friday *ee para-skevee* η
Παρασκευή
fridge *to psee-yee-o* το
ψυγείο
fried *teegha-neetos*
τηγανητός
friend *o feelos/ee feelee*
ο φίλος/η φίλη
from *apo* από
front *to brostee-no meros*
το μπροστινό μέρος || **in
front** *brosta* μπροστά
frost *ee paghonee-a* η
παγωνιά
frozen *(water) pagho-
menos* παγωμένος ||
(food) katep-seegh-menos
κατεψυγμένος
fruit *ta froota* τα φρούτα

|| **fruit juice** *o kheemos frooton* ο χυμός φρούτων
|| **fruit salad** *ee frooto-salata* η φρουτοσαλάτα
frying-pan *to tee-ghanee* το τηγάνι
fuel *ta kaf-seema* τα καύσιμα || **fuel gauge** *o dheek-tees kaf-seemon* ο δείκτης καυσίμων || **fuel pump** *ee andlee-a kaf-seemon* η αντλία καυσίμων
full *ye-matos* γεμάτος || **full board** *(ee) pleerees dhee-atrofee* (η) πλήρης διατροφή
fun: to have fun *dhee-aske-dhazo* διασκεδάζω
funeral *ee keedhee-a* η κηδεία
funny *astee-os* αστείος
fur *ee ghoona* η γούνα
furniture *ta epeep-la* τα έπιπλα
fuse *ee asfalee-a* η ασφάλεια

G

gallery *(art) ee peenako-theekee* η πινακοθήκη || *(in theatre) ee ghalaree-a* η γαλαρία
gallon = 4.54 litres

gallstone *o kholo-leethos* ο χολόλιθος
gambling *ee kharto-peksee-a* η χαρτοπαιξία
game *to pegh-needhee* το παιγνίδι || *(to eat) to keenee-yee* το κυνήγι
garage *to garaz* το γκαράζ
garden *o keepos* ο κήπος
garlic *to skordho* το σκόρδο
gas *to gazee* το γκάζι || **gas cylinder** *ee fee-alee gazee-oo* η φιάλη γκαζιού || **gas refill** *to anda-lakteeko gazee-oo* το ανταλλακτικό γκαζιού
gasket *(of piston) ee fland-za* η φλάντζα
gate *(in field) ee porta* η πόρτα || *(of garden) ee kan-gelo-porta* η καγκελόπορτα
gear *ee takhee-teeta* η ταχύτητα || **gearbox** *to keevotee-o takhee-teeton* το κιβώτιο ταχυτήτων || **gear lever** *o mokhlos takhee-teeton* ο μοχλός ταχυτήτων
general *yenee-kos* γενικός
generous *yene-odhoros* γενναιόδωρος
gentle *eepee-os* ήπιος
gentleman *o keeree-os* ο κύριος
Gents' *andhron* Ανδρών

genuine **ghnee**see-os
γνήσιος
germ to **meek**rovee-o το
μικρόβιο
German measles ee eree-
thra η ερυθρά
get apok-**to** αποκτώ ||
to get in (to car etc) beno
μπαίνω || to get off (from
bus etc) ka-te-**veno**
κατεβαίνω || to get
on to a bus a-ne-**veno**
στο leo-fo-**ree**-o ανεβαίνω
στο λεωφορείο || to get
through (on phone) seen-
dhe-o-me συνδέομαι
gherkin (to) angoo-**rakee**
toorsee (το) αγγουράκι
τουρσί
gift to **dhoro** το δώρο
gin to dzeen το τζιν ||
gin and tonic dzeen me
toneek τζιν με τόνικ
ginger ee **peepero**-reeza η
πιπερόρριζα
girl to kor**eet**-see το κορίτσι
|| girlfriend ee **feelee** η
φίλη
give **dheeno** δίνω ||
to give back epee-**strefo**
επιστρέφω
glass to pot**eeree** το ποτήρι
|| glasses ta yal**ee**-a τα
γυαλιά
gloves ta **ghan**dee-a τα
γάντια

glue ee **kola** η κόλλα
go pee-**yeno** πηγαίνω || I
go, I am going pee-**yeno**
πηγαίνω || you go, you
are going pee-**yenees**
πηγαίνεις || to go down
ka-te-**veno** κατεβαίνω ||
to go in beno μπαίνω ||
to go out **vyeno** βγαίνω
|| to go up a-ne-**veno**
ανεβαίνω
goal (football) to gol το γκολ
goat ee kat-**seeka** η κατσίκα
God o the-**os** ο Θεός
goes: he goes pee-**yenee**
πηγαίνει
goggles (for swimming etc) ta
prosta-tef**teeka** yal**ee**-a τα
προστατευτικά γυαλιά
gold o khree**sos** ο χρυσός
|| (made of gold) khree**sos**
χρυσός
golf to golf το γκολφ ||
golf course to **yee**-pedho
too golf το γήπεδο του
γκολφ
good kalos καλός || good
afternoon **khe**-re-
te χαίρετε || good day
kal**ee**-**mera** καλημέρα ||
good evening kalee-**spera**
καλησπέρα || Good
Friday ee me-**ghalee**
para-**skevee** η Μεγάλη
Παρασκευή || good night
kalee-**neekh**ta καληνύχτα

goodbye *adee-o* αντίο

goose *ee kheena* η χήνα

grammar *ee ghrama-teekee* η γραμματική

gramme *to ghramaree-o* το γραμμάριο

grandchildren *ta engonee-a* τα εγγόνια

granddaughter *ee en-gonee* η εγγονή

grandfather *o papoos* ο παππούς

grandmother *ee ya-ya* η γιαγιά

grandson *o en-gonos* ο εγγονός

grapefruit *to gre-eep-froot* το γκρέιπ-φρουτ ‖ **grapefruit juice** *o kheemos gre-eep-froot* ο χυμός γκρέιπ-φρουτ

grapes *ta stafeelee-a* τα σταφύλια

grass *to ghra-seedhee* το γρασίδι

grateful *ev-ghnomon* ευγνώμων

grave *o tafos* ο τάφος

greasy *lee-paros* λιπαρός

great *me-ghalos* μεγάλος

Greece *ee eladha* η Ελλάδα

greedy *lemar-ghos* λαίμαργος

Greek *elee-nas/ elee-needha* ΄Ελληνας/ Ελληνίδα

green *prasee-nos* πράσινος ‖ **green card** *ee prasee-nee karta* η πράσινη κάρτα

greetings card *ee karta* η κάρτα

grey *greezos* γκρίζος

grilled *tees skharas* της σχάρας

grocer's *to baka-leeko* το μπακάλικο

ground[1] *n to edha-fos* το έδαφος ‖ **ground floor** *to eeso-yee-o* το ισόγειο

ground[2] *adj (coffee etc) alesmenos* αλεσμένος

group *ee omadha* η ομάδα

grow *megha-lono* μεγαλώνω

guarantee *ee engee-eesee* η εγγύηση

guard *(in train) o eepef-theenos trenoo* ο υπεύθυνος τραίνου

guest *o feelok-senoo-menos* ο φιλοξενούμενος ‖ **guesthouse** *o ksenonas* ο ξενώνας

guide *o ksena-ghos* ο ξεναγός ‖ **guide book** *o odhee-ghos* ο οδηγός ‖ **guided tour** *ee peree-eeyeesee me ksena-gho* η περιήγηση με ξεναγό

gums *ta oolee* τα ούλη

gun *to pee-stolee* το πιστόλι || *(rifle) to too-fekee* το τουφέκι

gym shoes *ta papootsee-a yeemna-steekees* τα παπούτσια γυμναστικής

H

had: I had *eekha* είχα || **you had** *ee-khes* είχες

haddock *o vakala-os* ο βακαλάος

hail *to kha-lazee* το χαλάζι

hair *ta malee-a* τα μαλλιά || **hairbrush** *ee voortsa* η βούρτσα || **haircut** *to koo-rema* το κούρεμα || **hairdresser** *o komo-tees/ee komotree-a* ο κομμωτής/η κομμώτρια || **hairdryer** *o steghno-teeras* ο στεγνωτήρας || **hairgrip** *to tseembee-dhakee* το τσιμπιδάκι || **hair spray** *spre-ee ya malee-a* σπρέι για μαλλιά

half *to meeso* το μισό || **half an hour** *meesee ora* μισή ώρα || **half past two** *dhee-o ke meesee* δύο και μισή || **half board** *(ee) eemee-dhee-atrofee* (η) ημιδιατροφή || **half**

bottle *ee meekree boo-kala* η μικρή μπουκάλα || **half fare** *to meeso eesee-teeree-o* το μισό εισητήριο

hall *(in house) to khol* το χωλ || *(for concerts etc) ee ethoo-sa* η αίθουσα

ham *to zambon* το ζαμπόν

hammer *to sfeeree* το σφυρί

hand *to kheree* το χέρι || **handbag** *ee tsanda* η τσάντα || **handbrake** *to kheero-freno* το χειρόφρενο || **hand cream** *ee krema ya ta kheree-a* η κρέμα για τα χέρια || **hand luggage** *ee kheera-poskeves* οι χειραποσκευές || **hand-made** *kheero-pee-eetos* χειροποίητος

handicapped *ana-peeros* ανάπηρος

handkerchief *to man-deelee* το μαντήλι

handle *(of door, suitcase) to khe-roolee* το χερούλι || *(of knife) ee lavee* η λαβή

hang up *(phone) kleeno to tee-lefono* κλείνω το τηλέφωνο || *(clothes) kre-mazo* κρεμάζω

happen *seem-veno*

συμβαίνω || what happened? tee e-yeene? τι έγινε;

happy eftee-kheesmenos ευτυχισμένος

harbour to lee-manee το λιμάνι

hard skleeros σκληρός || **hard-boiled** sfeekh-tos σφιχτός || **hard shoulder** ee vo-eethee-teekee lo-reedha η βοηθητική λωρίδα

hare o laghos ο λαγός

harvest (of corn) o threes-mos ο θερισμός || (of grapes) o treeghos ο τρύγος

has: he has ekhee έχει

hat to ka-pelo το καπέλλο

hate meeso μισώ

have ekho έχω || **I have** ekho έχω || **you have** ekhees έχεις

hay fever to aler-yeeko see-nakhee το αλλεργικό συνάχι

hazard lights ta fota keen-dheenoo τα φώτα κινδύνου

hazelnut to foon-dookee το φουντούκι

hazy ameedh-ros αμυδρός

he aftos αυτός

head to ke-falee το κεφάλι

headache: I have a headache ekho pono-kefalo έχω πονοκέφαλο

headlights ee pro-volees οι προβολείς

healthy eeyee-ees υγιής

hear akoo-o ακούω || **hearing aid** to akoo-steeko vareeko-ee-as το ακουστικό βαρηκοΐας

heart ee kardhee-a η καρδιά || **heart attack** ee kardhee-akee pros-volee η καρδιακή προσβολή

heater ee ther-mastra η θερμάστρα

heating ee ther-mansee η θέρμανση

heatstroke ee eelee-asee η ηλίαση

heavy varees βαρύς

hedge o fraktees ο φράκτης

heel (of foot) ee fterna η φτέρνα || (of shoe) to ta-koonee το τακούνι

height to eepsos το ύψος

helicopter to elee-koptero το ελικόπτερο

hello ya sas γειά σας

help vo-eetho βοηθώ || **help!** vo-eethee-a! βοήθεια!

hem to stree-foma το στρίφωμα

hen ee kota η κότα

her aftee αυτή || **give it (to) her** dho-se tees to δώσε της το || her father *o pa-teras* τες ο πατέρας της || her mother *ee mee-tera* τες η μητέρα της || her books *ta veevlee-a* τες τα βιβλία της

herb *to votano* το βότανο

here *edho* εδώ

hers: it's hers *ee-ne dheeko tees* είναι δικό της || where is hers? *poo ee-ne to dheeko tees;* πού είναι το δικό της; || where are hers? *poo ee-ne ta dheeka tees;* πού είναι τα δικά της;

hide *kreevo* κρύβω

high *pseelos* ψηλός || high blood pressure *ee pseelee pee-esee* η ψηλή πίεση || high chair *ee pseelee pedhee-kee ka-rekla* η ψηλή παιδική καρέκλα || higher *pseelo-tera* ψηλότερα || high season *ee sezon* η σαιζόν || high tide *ee pleemee-reedha* η πλημμυρίδα

hijack *kano aero-peeratee-a* κάνω αεροπειρατεία

hill *o lofos* ο λόφος || (slope) *ee playee-a* η πλαγιά || hill-walking *ee oree-vasee-a* η ορειβασία

him *afton* αυτόν || give

it (to) him *do-se too to* δώσε τού το

hip *o ghofos* ο γοφός

hire *neekee-azo* νοικιάζω

his: it's his *ee-ne dheeko too* είναι δικό του || where is his? *poo ee-ne to dheeko too?* πού είναι το δικό του; || where are his? *poo ee-ne ta dheeka too?* πού είναι τα δικά του;

history *ee eestoree-a* η ιστορία

hit *khteepo* χτυπώ

hitchhike *to oto-stop* το ωτοστόπ || hitchhiker *aftos poo kanee oto-stop* αυτός που κάνει ωτοστόπ

hobby *to khobee* το χόμπυ

hold *krato* κρατώ

hold-up *ee kathee-stereesee* η καθυστέρηση

hole *ee treepa* η τρύπα

holiday *ee dhee-akopes* οι διακοπές || I'm on holiday *ee-me dhee-akopes* είμαι διακοπές

holy *ayee-os* άγιος

home *to speetee* το σπίτι || (country) *ee pa-treedha* η πατρίδα || at home *sto speetee* στο σπίτι || to go home *pee-yeno sto speetee* πηγαίνω στο σπίτι honest *teemee-os* τίμιος

honey *to melee* το μέλι

honeymoon *o meenas too melee-tos* ο μήνας του μέλιτος

hood *ee koo-koola* η κουκούλα

hook *(fishing) to angee-stree* το αγκίστρι || *(for coats) ee kre-mastra* η κρεμάστρα || *(on clothes) ee kopeet-sa* η κόπιτσα

hope *ee elpee-dha* η ελπίδα

horn *(car) to klakson* το κλάξον

horrible *trome-ros* τρομερός

hors d'oeuvre *ta orek-teeka* τα ορεκτικά

horse *to alogho* το άλογο

hose *(in car) o solee-nas* ο σωλήνας

hospital *to noso-komee-o* το νοσοκομείο

host *o eeko-dhespotees* ο οικοδεσπότης

hostel *(youth hostel) o kse-nonas* ο ξενώνας

hostess *ee eeko-dhespeena* η οικοδέσποινα

hot *zestos* ζεστός || I'm hot *zeste-no-me* ζεσταίνομαι || it's hot *ee-ne zesto* είναι ζεστό || *(weather)*

ekhee *zestee* έχει ζέστη ||

hot water *to zesto nero* το ζεστό νερό || hot-water bottle *ee thermo-fora* η θερμοφόρα

hotel *to ksen-dhokhee-o* το ξενοδοχείο

hour *ee ora* η ώρα

house *to speetee* το σπίτι || housewife *ee eeko-keera* η οικοκυρά || house wine *krasee kheema* κρασί χύμα

how *pos?* πώς; how much? *poso?* πόσο; || how many? *posa?* πόσα; || how are you? *pos ee-ste?* πώς είστε; || how long? *(time) poseen ora?* πόσην ώρα;

human *anthro-peenos* ανθρώπινος

hundred *ekato* εκατό

hungry: I'm hungry *peeno* πεινώ

hurry (up) *vee-azo-me* βιάζομαι

hurt: that hurts *me pona-ee me* πονάει με

husband *o seezee-ghos* ο σύζυγος

hut *to ka-leevee* το καλύβι

hydrofoil *to eepta-meno dhel-feenee* το ιπτάμενο δελφίνι

I

I *egho* εγώ
ice *o paghos* ο πάγος ‖ **ice-
cream, ice lolly** *to pagho-
to* το παγωτό ‖ **ice rink**
to pagho-dhromee-o το
παγοδρόμιο
iced *pagho-menos*
παγωμένος
icing *to glasa-reesma* το
γκλασάρισμα
idea *ee eedhe-a* η ιδέα
if *an* αν
ignition *ee ana-fleksee* η
ανάφλεξη ‖ **ignition key**
to kleedhee το κλειδί
ill *arostos* άρρωστος
illness *ee arostee-a* η
αρρώστια
immediately *a-mesos*
αμέσως
important *spoodhe-os*
σπουδαίος
impossible *adhee-natos*
αδύνατος
in *mesa* μέσα ‖ *(with
countries, towns) se* σε
inch = 2.5 cm
included *seemberee-
lamvano-menoo*
συμπεριλαμβανομένου
indicator *o dheektees* ο
δείκτης
indigestion *ee deespepsee-
a* η δυσπεψία

indoors *mesa* μέσα
industry *ee vee-
omeekhanee-a* η
βιομηχανία
infection *ee moleen-see* η
μόλυνση
infectious *(illness) meta-
dhoteekos* μεταδοτικός
inflamed *erethees-menos*
ερεθισμένος
inflatable *boree na foosko-
thee* μπορεί να
φουσκωθεί
informal *a-nepee-seemos*
ανεπίσημος
information *ee pleero-
foree-es* οι πληροφορίες
‖ **information office** *to
ghrafee-o pleero-foree-on*
το γραφείο πληροφοριών
initials *ta arkhee-ka* τα
αρχικά
injection *ee e-nesee* η ένεση
injured *travma-teesmenos*
τραυματισμένος
ink *to me-lanee* το μελάνι
‖ **ink cartridge** *ee am-
boola me-lanees* η
αμπούλα μελάνης
insect *to en-domo*
το έντομο ‖ **insect
bite** *to tseem-beema
en-domoo* το τσίμπημα
εντόμου ‖ **insect
repellant** *ee endomo-
apothee-teekee*

losee-on η εντομοαπωθητική λοσιόν

inside *to eso-tereeko* το εσωτερικό || **inside the car** *mesa sto afto-keeneeto* μέσα στο αυτοκίνητο || **it's inside** *ee-ne mesa* είναι μέσα

insist *epee-meno* επιμένω

instant coffee *steeghmee-eos ka-fes* στιγμιαίος καφές

instead *andee* αντί || **instead of** *(with noun)* *andee ya* αντί για || *(with verb)* *andee na* αντί να

instructor *o ekpe-dheftees* ο εκπαιδευτής

insulin *ee eensoo-leenee* η ινσουλίνη

insult *ee eevreesee-a* η ύβρισία

insurance *ee asfalee-a* η ασφάλεια || **insurance certificate** *to peesto-pee-eeteeko asfalee-as* το πιστοποιητικό ασφάλειας || **insurance company** *ee asfalee-steekee e-teree-a* η ασφαλιστική εταιρία

intelligent *ekseep-nos* έξυπνος

interested: I'm interested in... *mendhee-aferee...* μ' ενδιαφέρει...

interesting *endhee-aferon* ενδιαφέρων

international *dhee-ethnees* διεθνής

interpreter *o/ee dhee-ermeene-as* ο/η διερμηνέας

interval *(in theatre)* *to dhee-aleema* το διάλειμμα

interview *ee seenentef-ksee* η συνέντευξη

into *se* σε

introduce *see-steeno* συστήνω

invalid *o arostos* ο άρρωστος

invitation *ee pros-kleesee* η πρόσκληση

invite *pros-kalo* προσκαλώ

Ireland *ee eerlandhee-a* η Ιρλανδία

Irish *eerlan-dhos/eerlan-dhee* Ιρλανδός/Ιρλανδή

iron[1] *n* *to see-dhero* το σίδερο

iron[2] *vb* *seedhe-rono* σιδερώνω

ironmonger's *seedheero-polee-o* το σιδηροπωλείο

is: he/she is *ee-ne* είναι

island *to neesee* το νησί

it *afto* αυτό

Italian *eeta-los/eeta-lee-dha* Ιταλός/ίδα

Italy *ee eetalee-a* η Ιταλία

itch *ee fa-ghoora* η
φαγούρα
itemized bill *o lepto-
merees logharee-asmos* ο
λεπτομερής λογαριασμός
ivory *to elefan-dostoon* το
ελεφαντοστούν

J

jack *o ghreelos* ο γρύλλος
jacket *to sa-kakee* το
σακκάκι
jam *ee marme-ladha* η
μαρμελάδα
jammed *streemogh-menos*
στριμωγμένος
January *o yanoo-aree-os* ο
Ιανουάριος
jar *to vazo* το βάζο
jaundice *o eek-teros* ο
ίκτερος
jaw *to sa-ghonee* το σαγόνι
jazz *ee dzaz* η τζαζ
jeans *to bloo-dzeen* το
μπλου-τζην
jelly *to dzelee* το τζέλι
jellyfish *ee medhoo-sa* η
μέδουσα
jeweller's *to kosmee-
mato-polee-o* το
κοσμηματοπωλείο
jewellery *ta kosmee-mata*
τα κοσμήματα
Jewish *evre-os* Εβραίος

job *ee dhoolee-a* η δουλειά
jogging: to go jogging *pee-
yeno dzoking* πηγαίνω
τζόκινγκ
join *(club etc)* *yeeno-me
melos* γίνομαι μέλος
joint *(in body)* *ee arthro-see*
η άρθρωση || *(in car etc)*
o armos ο αρμός || **joint
passport** *to keeno dhee-
avateeree-o* το κοινό
διαβατήριο
joke *o astee-o* το αστείο
journey *to tak-seedhee* το
ταξίδι
judge *o dheeka-stees* ο
δικαστής
jug *to kana-tee* το κανάτι
juice *o kheemos* ο χυμός
July *o yoolee-os* ο Ιούλιος
jumbo jet *to dzambo dzet*
το τζάμπο τζετ
jump *peedho* πηδώ ||
jump leads *ta kalodhee-
a meta-foras bataree-as*
τα καλώδια μεταφοράς
μπαταρίας
junction *(crossroads)*
ee dhee-astav-rosee η
διασταύρωση
June *o yoonee-os* ο Ιούνιος
just: just two *mono dhee-
o* μόνο δυο || **just there**
akree-vos ekee ακριβώς
εκεί || **I've just arrived**
molees eftasa μόλις

έφτασα

K

keep *krato* κρατώ

key *to kleedhee* το κλειδί
‖ **key ring** *o kreekos ton kleedhee-on* ο κρίκος των κλειδιών

kick *ee klotsee-a* η κλωτσιά

kidneys *ta nefra* τα νεφρά

kill *sko-tono* σκοτώνω

kilo *to keelo* το κιλό

kilometre *to kheelee-ometro* το χιλιόμετρο

kind[1] *n (sort) to eedhos* το είδος

kind[2] *adj kalos* καλός

kiosk *to pereep-tero* το περίπτερο

kiss *feelo* φιλώ

kitchen *ee koo-zeena* η κουζίνα

knee *to ghona-to* το γόνατο

knife *to ma-kheree* το μαχαίρι

knit *pleko* πλέκω

knock *(on door) khteepo* χτυπώ

knot *o kombos* ο κόμπος

know *ksero* ξέρω

L

label *ee etee-keta* η ετικέτα

lace *ee dan-dela* η νταντέλα

ladder *ee skala* η σκάλα

Ladies' *yee-nekon* Γυναικών

ladle *ee koo-tala* η κουτάλα

lady *ee keeree-a* η κυρία

lager *ee beera* η μπύρα

lake *ee leemnee* η λίμνη

lamb *to arnakee* το αρνάκι

lamp *ee lamba* η λάμπα

land[1] *vb prosyee-ono-me* προσγειώνομαι

land[2] *n (dry land) ee kseera* η ξηρά

landlady *ee speeto-neeko-keera* η σπιτονοικοκυρά

landlord *o speeto-neeko-keerees* ο σπιτονοικοκύρης

lane *to dhromakee* το δρομάκι

language *ee glosa* η γλώσσα

large *me-ghalos* μεγάλος

larger *megha-leeteros* μεγαλύτερος

last[1] *vb dhee-arko* διαρκώ

last[2] *adj telef-teos* τελευταίος

late *(in the day) argha* αργά ‖ *(for appointment etc) argho* αργώ ‖ **the train is 10 minutes late** *to treno ekhee kathee-*

stereesee dheka lepton το τραίνο έχει καθυστέρηση 10 λεπτών

later *argho-tera* αργότερα

laugh *yelo* γελώ

laundry *(place) to pleendeeree-o* το πλυντήριο || **laundry service** *ee eepee-resee-a pleesee-matos* η υπηρεσία πλυσίματος

lavatory *to apokhoreeteeree-o* το αποχωρητήριο

law *o nomos* ο νόμος

laxative *to kathar-teeko* το καθαρτικό

layby *to parkeeng* το πάρκινγκ

lazy *tem-belees* τεμπέλης

lead[1] *vb odhee-gho* οδηγώ

lead[2] *n (metal) o moleevdhos* ο μόλυβδος || *(electric) to kalodhee-o* το καλώδιο

leak *ee dhee-aro-ee* η διαρροή

learn *ma-theno* μαθαίνω

least: the least *to leegho-tero* το λιγότερο || **at least** *toola-kheesto* τουλάχιστο

leather *to dherma* το δέρμα

leave *fev-gho* φεύγω

left: (on/to the) left *aree-stera* αριστερά

|| **left luggage (office)** *o khoros apo-skevon* ο χώρος αποσκευών

leg *to podhee* το πόδι

legal *nomeemos* νόμιμος

lemon *to lemonee* το λεμόνι || **lemon-squeezer** *o lemono-steeftees* ο λεμονοστύφτης || **lemon tea** *tsa-ee me lemonee* τσάι με λεμόνι

lemonade *ee lemo-nadha* η λεμονάδα

lend *dha-neezo* δανείζω

length *to meekos* το μήκος

lens *o fakos* ο φακός

less: less milk *leegho-tero ghala* λιγότερο γάλα

lesson *to mathee-ma* το μάθημα

let *(allow) epee-trepo* επιτρέπω || *(hire out) eneekee-azo* ενοικιάζω

letter *to ghrama* το γράμμα || **letterbox** *to ghramato-keevotee-o* το γραμματοκιβώτιο

lettuce *to ma-roolee* το μαρούλι

level *epee-pedhos* επίπεδος || **level-crossing** *ee epee-pedhos dhee-avasee* η επίπεδος διάβαση

library *ee veevlee-otheekee* η βιβλιοθήκη

licence *ee adhee-a* η άδεια
lick *ghleefo* γλείφω
lid *to ka-leema* το κάλυμμα
lie down *ksa-plono* ξαπλώνω
life *ee zo-ee* η ζωή || **lifebelt** *to soseevee-o* το σωσίβιο || **lifeboat** *ee navagho-sosteekee lemvos* η ναυαγοσωστική λέμβος || **life jacket** *to soseevee-o* το σωσίβιο
lift *to asan-ser* το ασανσέρ || *(ski) o anelkee-steeras* ο ανελκυστήρας || **lift pass** *to eesee-teeree-o* το εισητήριο
light[1] *adj (colour) aneek-tos* ανοικτός || *(not heavy) ela-fros* ελαφρός
light[2] *n to fos* το φως || **light bulb** *ee lamba* η λάμπα
light[3] *vb (fire, cigarette) anavo* ανάβω
lighter *o anap-teeras* ο αναπτήρας
lightning *ee astra-pee* η αστραπή
like[1] *vb moo a-resee* μου αρέσει
like[2]: **like this** *etsee* έτσι
likely *peetha-nos* πιθανός
lime *(fruit) to la-eem* το λάιμ || **limejuice** *o kheemos la-eem* ο χυμός λάιμ

limp *koot-seno* κουτσαίνω
line *ee ghramee* η γραμμή
linen *to leeno* το λινό
lip *to kheelos* το χείλος || **lip salve** *to prostatef-teeko steek* το προστατευτικό στικ || **lipstick** *to kra-yon* το κραγιόν
liqueur *to leeker* το λικέρ
liquid *to eeghro* το υγρό
list *o kata-loghos* ο κατάλογος
listen (to) *akoo-o* ακούω
litre *to leetro* το λίτρο
little *meekros* μικρός || **a little** *leegho* λίγο
live *zo* ζω || **he lives in London** *menee sto lon-dheeno* μένει στο Λονδίνο
liver *to see-kotee* το συκώτι
living room *to salonee* το σαλόνι
lizard *ee savra* η σαύρα
loaf *to kar-velee* το καρβέλι
loan *to dhanee-o* το δάνειο
lobster *o asta-kos* ο αστακός
local *topee-kos* τοπικός
lock *ee kleedharee-a* η κλειδαριά
locked out: I'm locked out *kleedho-theeka ekso* κλειδώθηκα έξω
locker *to doola-pakee* το

ντουλαπάκι

log *to* **koot-sooro** το
κούτσουρο

lollipop *to* **ghleefeed-
zooree** το γλειφιτζούρι

London *to* **lon-dheeno** το
Λονδίνο

lonely *monakheekos*
μοναχικός

long *makrees* μακρύς

look (at) *kee-tazo* κοιτάζω

look after *fron-deezo*
φροντίζω

look for *yee-revo* γυρεύω

loose *(clothes etc)* *khala-ros*
χαλαρός

loosen *khala-rono*
χαλαρώνω

lorry *to* *fortee-gho* το
φορτηγό ‖ **lorry-driver** *o*
odhee-ghos fortee-ghoo
ο οδηγός φορτηγού

lose *khano* χάνω

lost *kha-menos* χαμένος
‖ **lost property office** *to*
ghrafee-o apoles-thendon
andeekee-menon το
γραφείο απολεσθέντων
αντικειμένων

lot: a lot (of) *polees* πολύς

lotion *ee losee-on* η λοσιόν

lottery *to lakhee-o* το
λαχείο

loud *dheena-tos* δυνατός

lounge *(at airport)* *ee ethoo-
sa* η αίθουσα ‖ *(in*

hotel, house) *to salonee* το
σαλόνι

love *agha-po* αγαπώ

lovely *ore-os* ωραίος

low *khamee-los* χαμηλός
‖ **low tide** *ee am-botee*
η άμπωτη

luggage *ee apo-skeves*
οι αποσκευές ‖ **luggage
allowance** *to epeetre-
pomeno varos apo-
skevon* το επιτρεπόμενο
βάρος αποσκευών ‖
luggage rack *o khoros
apo-skevon* ο χώρος
αποσκευών ‖ **luggage
trolley** *to ka-rotsee apo-
skevon* το καρότσι
αποσκευών

lump *(of sugar)* *to ko-matee*
το κομμάτι ‖ *(swelling)* *to
ekson-goma* το εξώγκωμα

lunch *to mesee-meree-ano*
το μεσημεριανό

lung *o pnev-monas* ο
πνεύμονας

luxury *ee polee-telee-a* η
πολυτέλεια

M

macaroni *ta makaronee-a*
τα μακαρόνια

machine *ee mee-khanee* η
μηχανή

mackerel *to skoombree* το σκουμπρί

mad *trelos* τρελλός

madam *keeree-a* κυρία

made-to-measure *epee paran-gelee-a* επί παραγγελία

magazine *to peree-odheeko* το περιοδικό

maiden name *to patree-ko onoma* το πατρικό όνομα

main *keeree-os* κύριος || **main road** *o keeree-os dhromos* ο κύριος δρόμος

mains *o kendree-kos agho-ghos* ο κεντρικός αγωγός

major road *o keeree-os dhromos* ο κύριος δρόμος

make *kano* κάνω

make-up *to makee-yaz* το μακιγιάζ

male *ar-seneekos* αρσενικός

man *(mankind) o an-thropos* ο άνθρωπος || *(as opposed to woman) o andhras* ο άνδρας

manager *o dhee-ef-theendees* ο διευθυντής

manicure *to manee-kyoor* το μανικιούρ

many *polee* πολλοί || **many people** *polee an-thropee* πολλοί άνθρωποι

map *o khartees* ο χάρτης

marble *(substance) to marmaro* το μάρμαρο || **marbles** *(for game) ee volee* οι βώλοι

March *o martee-os* ο Μάρτιος

margarine *ee margha-reenee* η μαργαρίνη

market *ee agho-ra* η αγορά || **market day** *ee mera tees agho-ras* η μέρα της αγοράς

marmalade *ee marme-ladha* η μαρμελάδα

married *pandre-menos* παντρεμένος

marrow *(vegetable) to kolo-keethee* το κολοκύθι

marry *pan-drevo-me* παντρεύομαι

Martini *to marteenee* το μαρτίνι

marzipan *to glasa-reesma ameegh-dhaloo* το γκλασάρισμα αμυγδάλου

mascara *maskara* μάσκαρα

mashed potatoes *ee pata-tes poo-re* οι πατάτες πουρέ

mass *ee thee-a leetoor-yee-a* η Θεία Λειτουργία

mast *to ka-tartee* το κατάρτι

match *to speerto* το σπίρτο || *(sport) to mats* το ματς

material *to eelee-ko* το υλικό

matter: it doesn't matter
dhen pee-razee δεν
πειράζει
mauve *mov* μωβ
May *o ma-ee-os* ο Μάιος
mayonnaise *ee mayo-neza*
η μαγιονέζα
me *e-mena* εμένα || **he hit
me** *me khtee-peese* με
χτύπησε || **give it (to) me
dhose** *moo to* δώσε μού
το
meal *to yevma* το γεύμα
mean *eno-o* εννοώ
meaning *ee seemasee-a*
σημασία
meanwhile *endo-metaksee*
εν τω μεταξύ
measles *ee eela-ra* η ιλαρά
measure *to metro* το μέτρο
meat *to kre-as* το κρέας
mechanic *o meekha-
neekos* ο μηχανικός
mechanism *o meekha-
neesmos* ο μηχανισμός
medicine *to yatree-ko* το
γιατρικό
medieval *mese-oneekos*
μεσαιωνικός
Mediterranean (sea)
ee meso-yee-os η
Μεσόγειος
medium *(wine)* **metree-o
ghleekee** μέτριο γλυκό ||
(steak) **metree-o** μέτριο ||
(size) **metree-o** μέτριο

meet *seenan-do* συναντώ
meeting *ee seenan-deesee*
η συνάντηση
melon *to pe-ponee* το
πεπόνι || *(watermelon) to
kar-poozee* το καρπούζι
melt *lee-ono* λυώνω
member *to melos* το μέλος
menu *to menoo* το μενού
mess *(in room etc) ee akata-
stasee-a* η ακαταστασία
message *to mee-neema* το
μήνυμα
metal *to metalo* το μέταλλο
meter *o metree-tees* ο
μετρητής
metre *to metro* το μέτρο
midday *to mesee-meree* το
μεσημέρι
middle *ee mesee* η μέση
middle-aged *mesee-leekas*
μεσήλικας
might: I might come *eesos
nartho* ίσως ναρθώ
migraine *ee eemee-kranee-
a* η ημικρανία
mild *ela-fros* ελαφρός
mile = **1609 metres**
milk *to ghala* το γάλα ||
milk chocolate *ee soko-
lata gha-laktos* η
σοκολάτα γάλακτος ||
milkshake *to meelk-se-
eek* το μίλκσεϊκ
millimetre *to kheelee-
ostometro* το

χιλιοστόμετρο

million *to ekato-**mee**ree-o* το εκατομμύριο

mince *(meat)* ο *kee**mas*** ο κιμάς

mind: do you mind if...? *sas enokh-**lee** an...?* σας ενοχλεί αν...;

mine: it is mine *ee-ne dhee**ko** moo* είναι δικό μου ‖ **mine is...** *to dhee**ko** moo ee-ne...* το δικό μου είναι... ‖ **mine are...** *ta dhee**ka** moo ee-ne...* τα δικά μου είναι...

mineral water *to epee-trape**zee**-o nero* το επιτραπέζιο νερό ‖ *(sparkling) to meta-lee**ko** nero* το μεταλλικό νερό

minimum *ela-**khees**tos* ελάχιστος

minister *(church)* ο *ee-ere-as* ο ιερέας

minor road ο *dhefte-revon dhromos* ο δευτερεύων δρόμος

mint *(herb)* ο *dhee-**os**mos* ο δυόσμος ‖ *(sweet) ee menda* η μέντα

minute *to lepto* το λεπτό

mirror ο *kath-**ref**tees* ο καθρέφτης

miss *(train etc) khano* χάνω

Miss *dhespee-**nees*** δεσποινίς

missing *kha-**menos*** χαμένος

mist *ee katakhnee-**a*** η καταχνιά

mistake *to lathos* το λάθος

misty *tholo-**menos*** θολωμένος

mix *ana-meegh**nee**-o* αναμιγνύω

mixture *to **meegh**ma* το μίγμα

model *to mo**del**o* το μοντέλο ‖ *(person) to mane**ken*** το μαννεκέν

modern *mo**der**nos* μοντέρνος

mohair *mo**kher*** μοχαίρ

moisturizer *to moistu-**rizer*** το μοϊστιαράϊζερ

monastery *to mona-**stee**ree* το μοναστήρι

Monday *ee dhef-**ter**a* η Δευτέρα

money *ta khree-mata* τα χρήματα ‖ **money order** *ee takhee-dhromee**kee** epee-ta**yee*** η ταχυδρομική επιταγή

monk ο *mona-**khos*** ο μοναχός

monkey *ee ma-ee**moo*** η μαϊμού

month ο *meenas* ο μήνας

monument *to mnee**mee**-o* το μνημείο

moon *to fen-**ga**ree* το

φεγγάρι

mop *ee sfoonga-reestra* η σφουγγαρίστρα

more *peree-soteros* περισσότερος || **more bread** *kee-alo psomee* κι᾽ άλλο ψωμί

morning *to pro-ee* το πρωί

mosque *to dzamee* το τζαμί

mosquito *to koo-noopee* το κουνούπι

most *o peree-soteros* ο περισσότερος

motel *to motel* το μοτέλ

moth *ee petaloo-dheetsa* η πεταλουδίτσα || *(in clothes) o skoros* ο σκώρος

mother *ee mee-tera* η μητέρα

motor *ee mee-khanee* η μηχανή || **motorbike** *ee moto-seekleta* η μοτοσυκλέτα || **motor boat** *ee venzee-nakatos* η βενζινάκατος ||

motorway *o afto-keenee-todhromos* ο αυτοκινητόδρομος

mountain *to voono* το βουνό

mountaineer *o oree-vatees* ο ορειβάτης

mouse *to pon-deekee* το ποντίκι

moustache *to moo-stakee* το μουστάκι

mouth *to stoma* το στόμα

move *keenoo-me* κινούμαι

movie camera *ee seene-kamera* η σινεκάμερα

Mr *keeree-os* Κύριος

Mrs, Ms *keeree-a* Κυρία

much *polees* πολύς || **much hotter** *polee pee-o zestos* πολύ πιο ζεστός || **too much** *polee* πολύ || **very much** *para-polee* πάρα πολύ

mud *ee laspee* η λάσπη

mug *to me-ghalo fleed-zanee* το μεγάλο φλιτζάνι

mumps *ee maghoo-ladhes* οι μαγουλάδες

municipal *dheemo-teekos* δημοτικός

muscle *o mees* ο μυς

museum *to moosee-o* το μουσείο

mushroom *to manee-taree* το μανιτάρι

music *ee mooseekee* η μουσική

mussel *to meedhee* το μύδι

must: **I must go** *prepee na pa-o* πρέπει να πάω || **you must go** *prepee na pas* πρέπει να πας || **he must go** *prepee na pa-ee* πρέπει να πάει

mustard *ee moo-stardha* η μουστάρδα

mutton *to arnee* το αρνί

my: my father *o pa-teras moo* ο πατέρας μου ‖ **my mother** *ee mee-tera moo* η μητέρα μου ‖ **my parents** *ee ghonees moo* οι γονείς μου

N

nail *to karfee* το καρφί ‖ *(on finger, toe) to neekhee* το νύχι ‖ **nailbrush** *ee voortsa ton neekhee-on* η βούρτσα των νυχιών ‖ **nailfile** *ee leema* η λίμα
naked *yeemnos* γυμνός
name *to onoma* το όνομα ‖ **my name is...** *to onoma moo ee-ne...* το όνομά μου είναι...
napkin *ee pet-seta* η πετσέτα
nappy *ee pana* η πάνα ‖ **nappy liner** *ee eso-tereekee pana* η εσωτερική πάνα
narrow *stenos* στενός
national *eth-neekos* εθνικός
nationality *ee ethnee-koteeta* η εθνικότητα
native *enkhoree-os* εγχώριος
natural *feesee-kos* φυσικός

naughty *atak-tos* άτακτος
navy blue *ble* μπλε
near *konda* κοντά ‖ **near the bank** *konda stee tra-peza* κοντά στη τράπεζα ‖ **nearer** *kondee-noteros* κοντινότερος ‖ **nearest** *o pee-o kondee-nos* ο πιο κοντινός
neat *(person) pereepee-eemenos* περιποιημένος
necessary *apare-teetos* απαραίτητος
neck *o lemos* ο λαιμός
necklace *to kolee-e* το κολιέ
need: I need... *khree-azo-me...* χρειάζομαι...
needle *to ve-lonee* το βελόνι
negative *arnee-teekos* αρνητικός
neighbour *o yee-tonas/ ee yeeto-neesa* ο γείτονας/η γειτόνισσα
nephew *o anepsee-os* ο ανεψιός
nervous *nevree-kos* νευρικός
nest *ee folee-a* η φωλιά
net *to dheekh-tee* το δύχτι
nettle *ee tsook-needha* η τσουκνίδα
never *po-te* ποτέ
new *kenoor-yos* καινούργιος
news *ta ne-a* τα νέα ‖ *(on*

TV, radio) ee ee**dhee**-sees
οι ειδήσεις
newsagent's to prakto-
reeo efee-me**ree**dhon το
πρακτορείο εφημερίδων
newspaper ee efee-
me**ree**dha η εφημερίδα
New Year o ke**noor**-yos
khronos ο καινούργιος
χρόνος
New Zealand ee ne-
a zeeland**hee**-a η Νέα
Ζηλανδία
nice ore-os ωραίος
niece ee anepse-a η
ανεψιά
night ee neekh-ta η νύχτα
|| **night club** to neekh-
te**ree**no kendro το
νυχτερινό κέντρο ||
nightdress to neekh-**tee**ko
το νυχτικό
nine enee-a εννιά
nineteen dheka-enee-a
δεκαεννιά
ninety ene-**neen**da
ενενήντα
ninth enatos έννατος
no okhee όχι
nobody ka-nenas κανένας
noise o thoree-vos ο
θόρυβος
noisy thoree-**vodhees**
θορυβώδης
non-alcoholic mee eenop-
nevma-todhees μη

οινοπνευματώδης
none ka-**nena** κανένα
non-smoking mee kapnee-
zondes μη καπνίζοντες
noodles ta lepta
makaronee-a τα λεπτά
μακαρόνια
normal kano-**neekos**
κανονικός
north o voras ο βορράς
Northern Ireland ee voree-
a eerland**hee**-a η Βόρεια
Ιρλανδία
nose ee meetee η μύτη
|| **nosebleed** to matoma
tees meetees το μάτωμα
της μύτης
not mee μη || (*with verbs*)
dhen δεν || **I am not**
dhen ee-me δεν είμαι
note to seemee-oma το
σημείωμα | **notepad** to
seemee-omataree-o το
σημειωματάριο
nothing tee-**pota** τίποτα
notice (*poster*) ee a**fee**sa η
αφίσα
novel to meethee-**sto**reema
το μυθιστόρημα
November o no-**emvree**-os
ο Νοέμβριος
now tora τώρα
nowhere poo-thena
πουθενά
nuisance: it's a nuisance
ee-ne belas είναι μπελάς

numb *moodhee-asmenos* μουδιασμένος
number *o areeth-mos* ο αριθμός || **number plate** *ee peena-keedha too areeth-moo keeklo-foree-as* η πινακίδα του αριθμού κυκλοφορίας
nurse *ee noso-koma* η νοσοκόμα
nursery slope *ee pla-ya ya arkharee-oos* η πλαγιά για αρχάριους
nut *(for bolt) to paksee-madhee* το παξιμάδι
nutmeg *to moskho-kareedho* το μοσχοκάρυδο
nylon *to na-eelon* το νάιλον

O

O negative/positive *omee-kron arnee-teeko/thetee-ko* Ο αρνητικό/θετικό
oak *ee vala-needhee-a* η βαλανιδιά
oar *to koopee* το κουπί
oats *ee vromee* η βρώμη
object *to andee-keemeno* το αντικείμενο
oblong *epee-meekees* επίμηκες
obvious *fa-neros* φανερός

occasionally *kapoo-kapoo* κάπου-κάπου
October *o oktovree-os* ο Οκτώβριος
of course *ve-ve-a* βέβαια
off *(light, machine, gas etc) kleestos* κλειστός || **it's off** *(rotten) ee-ne khalasmeno* είναι χαλασμένο || **to get off the bus** *kate-veno apo to leo-foree-o* κατεβαίνω από το λεοφωρείο
offence *ee para-vasee* η παράβαση
offer *pros-fero* προσφέρω
office *to ghrafee-o* το γραφείο
officer *o aksee-omateekos* ο αξιωματικός || *(police) o astee-nomos* ο αστυνόμος
official *epee-seemos* επίσημος
often *seekh-na* συχνά
oil *to ladhee* το λάδι || **oil filter** *to feeltro too ladhee-oo* το φίλτρο του λαδιού
O.K. *en-daksee* εν τάξει
old *(person) eeleekee-omenos* ηλικιωμένος || *(thing) palee-os* παλιός || **how old are you?** *poson khronon eeste?* πόσων χρόνων είστε;

olive oil *to ele-oladho* το ελαιόλαδο

olives *elee-es* οι ελιές

omelette *ee omeleta* η ομελέτα

on *(light, machine, gas etc) aneek-tos* ανοικτός ‖ **on the table** *sto tra-pezee* στο τραπέζι

once *mee-a fora* μια φορά

one *enas/mee-a/ena* ένας/μία/ένα ‖ **one-way** *(street) o mono-dhromos* ο μονόδρομος ‖ *(ticket) to aplo eesee-teeree-o* το απλό εισητήριο

onion *to kre-meedhee* το κρεμμύδι

only *mono* μόνο

open¹ *vb anee-gho* ανοίγω

open² *adj aneek-tos* ανοικτός

opera *ee o-pera* η όπερα ‖ **opera house** *ee o-pera* η όπερα

operation *ee enkhee-reesee* η εγχείριση

operator *ee teelefo-neetree-a* η τηλεφωνήτρια

opposite *ape-nandee* απέναντι

optician *o optee-kos* ο οπτικός

or *ee* ή

orange *to porto-kalee* το πορτοκάλι ‖ *(colour) porto-kalee* πορτοκαλί ‖ **orange juice** *o kheemos porto-kalee-oo* ο χυμός πορτοκαλιού

orchestra *ee orkheestra* η ορχήστρα

order *paran-gelo* παραγγέλω

ordinary *seenee-theesmenos* συνηθισμένος

organized *arghano-menos* οργανωμένος

original *arkhee-kos* αρχικός

ornament *to kos-meema* το κόσμημα

orthodox *ortho-dhoksos* ορθόδοξος

other *alos* άλλος

ought: I ought to go *prepee na pa-o* πρέπει να πάω ‖ **you ought to go** *prepee na pas* πρέπει να πας

ounce = 28 grammes

our: our car *to afto-keeneeto mas* το αυτοκίνητό μας ‖ **our cars** *ta afto-keeneeta mas* τα αυτοκίνητά μας

ours: it's ours *ee-ne dheeko mas* είναι δικό μας

out *(light etc) svees-menos*

σβησμένος ‖ **he's out**
leepee λείπει

outdoors *steen ee-pethro* στην ύπαιθρο

outside *ekso* έξω ‖

outside lane *ee lo-reedha pros-perasees* η λωρίδα προσπέρασης

oval *o-o-eedhees* ωοειδής

oven *o foornos* ο φούρνος

over *pano apo* πάνω από ‖ **over there** *ekee pera* εκεί πέρα

overcharge *perno para-pano* παίρνω παραπάνω

overheat *eeper-therme-no-me* υπερθερμαίνομαι

overtake *pros-perno* προσπερνώ

owe: you owe me... *moo khrostas...* μου χρωστάς...

owner *o eedhee-okteetees* ο ιδιοκτήτης

oyster *to streedhee* το στρείδι

P

package *to dhema* το δέμα ‖ **package tour** *ee ek-dhromee* η εκδρομή

packet *to pa-keto* το πακέτο

paddling pool *ee leem-noola ya pedhee-a* η λιμνούλα για παιδιά

padlock *to loo-keto* το λουκέτο

paid *pleero-menos* πληρωμένος

pail *o koovas* ο κουβάς

pain *o ponos* ο πόνος

painful *odhee-neeros* οδυνηρός

painkiller *to pafsee-pono* το παυσίπονο

paint[1] *n ee bo-ya* η μπογιά

paint[2] *vb vafo* βάφω

pair *to zev-gharee* το ζευγάρι

palace *to palatee* το παλάτι

pale *khlomos* χλωμός

pan *ee katsa-rola* η κατσαρόλα

pancake *ee teegha-neeta* η τηγανίτα

pants *to sovra-ko* το σώβρακο

paper *to khartee* το χαρτί ‖ **paperback** *to kharto-dheto veevlee-o* το χαρτόδετο βιβλίο ‖ **paper bag** *ee kharto-sakoola* η χαρτοσακούλα ‖ **paperclip** *o seen-dheteeras* ο συνδετήρας ‖ **paper handkerchief** *to kharto-mandeelo* το χαρτομάντηλο

paprika *ee papreeka* η παπρίκα

paraffin *ee para-feenee* η

παραφίνη
paralysed *para-leetos*
παράλυτος
parcel *to dhema* το δέμα
pardon? *para-kalo?*
παρακαλώ; ‖ **I beg your
pardon** *me seenkho-reete*
με συγχωρείτε
parent *o ghonee-os* ο
γονιός
park[1] *n to parko* το πάρκο
park[2] *vb (in car) parkaro*
παρκάρω ‖ **parking
meter** *to parko-metro* το
παρκόμετρο ‖ **parking
ticket** *ee kleesee* η κλήση
parsley *o ma-eedanos* ο
μαϊντανός
part *to meros* το μέρος
parting *o khorees-mos* ο
χωρισμός
partly *meree-kos* μερικώς
partner *o seen-drofos* ο
σύντροφος ‖ *(business) o
see-ne-teros* ο συνέταιρος
party *(group) ee omadha* η
ομάδα ‖ *(celebration) to
partee* το πάρτυ
pass *perno* περνώ
‖ *(overtake) pros-perno*
προσπερνώ
passenger *o epee-vatees* ο
επιβάτης
passport *to dhee-
avateeree-o* το
διαβατήριο ‖ **passport**

control *o elen-khos dhee-
avateeree-on* ο έλεγχος
διαβατηρίων
pasta *ta makaronee-a* τα
μακαρόνια
pastry *ee zeemee* η ζύμη
‖ *(cake) to ghlee-keesma*
το γλύκισμα
path *to mono-patee* το
μονοπάτι
patient *o as-thenees*
ασθενής
pattern *(design) to
skhedhee-o* το σχέδιο
pavement *to pezo-
dhromee-o* το
πεζοδρόμιο
pay *plee-rono* πληρώνω
payment *ee plee-romee* η
πληρωμή
peach *to rodha-keeno* το
ροδάκινο
peanut *to fee-steekee* το
φυστίκι
pear *to akh-ladhee* το
αχλάδι
pearl *to margha-reetaree*
το μαργαριτάρι
peas *ta beezelee-a* τα
μπιζέλια
pebbles *ta vot-sala* τα
βότσαλα
pedal *to pedal* το πεντάλ
pedestrian *o pezos* ο πεζός
peel *ksefloo-dheezo*
ξεφλουδίζω

peg (for tent) o pasalos
skee**nees** ο πάσσαλος
σκηνής ‖ (for clothes)
to manda-la**kee** το
μανταλάκι
pen ee pena η πένα
pencil to mo-**lee**vee
το μολύβι ‖ **pencil
sharpener** ee ksee**stra** η
ξύστρα
penicillin ee penee-
kee**lee**nee η πενικιλλίνη
penknife o soo-**yas** o
σουγιάς
pensioner o seendaksee-
ookhos ο συνταξιούχος
people o kosmos ο κόσμος
pepper to pee-peree το
πιπέρι
peppermint (herb, sweet) ee
menda η μέντα
per: per **person** to atomo
το άτομο ‖ **per hour** teen
ora την ώρα
perfect te**lee**-os τέλειος
performance ee para-
stasee η παράσταση
perfume to a**roma** το
άρωμα
perhaps ee**sos** ίσως
period (menstration) ee
peree-odhos η περίοδος
perm ee perma**nand** η
περμανάντ
permit ee adhee-a η άδεια
person to **pro**-sopo το

πρόσωπο
pet to katee-**kee**dhee-o zo-
o το κατοικίδιο ζώο
petrol ee ven-**zenee**
η βενζίνη ‖ **petrol can**
o tene-**kes** ven-**zee**nees
ο τενεκές βενζίνης ‖
petrol gauge o **dheek**tees
ven-**zee**nees ο δείκτης
βενζίνης ‖ **petrol pump**
ee andlee-a ven-**zee**nees η
αντλία βενζίνης ‖ **petrol
station** to prateeree-o
ven-**zee**nees το πρατήριο
βενζίνης ‖ **petrol tank** to
depo-zeeto ven-**zee**nees
το ντεπόζιτο βενζίνης
petticoat to meso-**fo**ree το
μεσοφόρι
phone[1] n to teele-fono το
τηλέφωνο ‖ **phone box** o
teele-fone**kos** thala-mos
ο τηλεφωνικός θάλαμος
‖ **phone call** to teele-
foneema το τηλεφώνημα
phone[2] vb teele-fono
τηλεφωνώ
photograph ee foto-
ghra**fee**-a η φωτογραφία
phrase book to veevlee-o
me frasees το βιβλίο με
φράσεις
piano to pee-ano το πιάνο
pick ma-**zevo** μαζεύω ‖ **to
pick up** (object) see-**ko**no
σηκώνω ‖ (person, in car)

perno παίρνω

picnic *to peek-neek* το πικ-
νικ

picture *ee eekona* η εικόνα

pie *ee peeta* η πίτα

piece *to ko-matee* το
κομμάτι

pier *ee apo-vathra* η
αποβάθρα

pile *o soros* ο σωρός

pill *to khapee* το χάπι

pillow *to maksee-laree* το
μαξιλάρι ‖ **pillowcase**
ee maksee-laro-theekee η
μαξιλαροθήκη

pilot *o peelotos* ο πιλότος

pilot light *o kaf-steeras* ο
καυστήρας

pin *ee karfeet-sa* η
καρφίτσα

pine *to pefko* το πεύκο

pineapple *o ananas* ο
ανανάς

pink *roz* ροζ

pint = .47 litres

pipe *ee peepa* η πίπα ‖
pipe cleaner *to katha-
reesteeko seerma peepas*
το καθαριστικό σύρμα
πίπας ‖ **pipe tobacco** *o
kapnos* ο καπνός

pistachio nut *to fee-steekee
e-yeenees* το φυστίκι
Αιγίνης

piston *to pee-stonee* το
πιστόνι

place *to meros* το μέρος

plain *ee pedhee-adha* η
πεδιάδα

plane *to aero-plano* το
αεροπλάνο

plant *to feeto* το φυτό

plaster *(for cut) o lefko-
plastees* ο λευκοπλάστης
‖ *(for broken limb) o
yeepsos* ο γύψος

plastic *to plastee-ko* το
πλαστικό ‖ **plastic bag**
ee plastee-kee tsanda η
πλαστική τσάντα

plate *to pee-ato* το πιάτο

platform *(railway) ee apo-
vathra* η αποβάθρα

play[1] *n to ergho* το έργο

play[2] *vb pezo* παίζω ‖
playroom *to dhomatee-
o ton pedhee-on* το
δωμάτιο των παιδιών

pleasant *ef-khareestos*
ευχάριστος

please *para-kalo* παρακαλώ

plenty (of) *af-thonos*
άφθονος

pliers *ee tanalee-a* η
τανάλια

plug *ee preeza* η πρίζα

plum *to dhama-skeeno* το
δαμάσκηνο

plumber *o eedrav-leekos* ο
υδραυλικός

pneumonia *ee pnevmonee-
a* η πνευμονία

poached *po-se* ποσέ

pocket *ee tsepee* η τσέπη

pointed *meeteros* μυτερός

points *(in car) ee pla-teenes* οι πλατίνες

poisonous *dheelee-teeree-odhees* δηλητηριώδης

police *ee astee-nomee-a* η αστυνομία ǁ **police car** *to astee-nomeeko afto-keeneeto* το αστυνομικό αυτοκίνητο ǁ **policeman** *o astee-nomeekos* ο αστυνομικός ǁ **police station** *to astee-nomeeko tmeema* το αστυνομικό τμήμα ǁ **policewoman** *ee astee-nomeekos* η αστυνομικός

polish[1] *n (for shoes) to ver-neekee* το βερνίκι

polish[2] *vb (shoes) ya-leezo* γυαλίζω

polite *ev-yeneekos* ευγενικός

political *polee-teekos* πολιτικός

polluted *molees-menos* μολυσμένος

poloneck *to kolaro polo* το κολλάρο πόλο

polyester *to polee-ester* το πολυέστερ

pond *ee leem-noola* η λιμνούλα

pony-trekking *ee eepasee-*

a η ιππασία

pool *(for swimming) ee pee-seena* η πισίνα

poor *ftokhos* φτωχός

Pope *o papas* ο Πάπας

popular *dheemo-feelees* δημοφιλής ǁ *(fashionable) kosme-kos* κοσμικός

population *o pleethees-mos* ο πληθυσμός

porcelain *ee porse-lanee* η πορσελάνη

pork *to kheeree-no* το χοιρινό

port *(harbour) to lee-manee* το λιμάνι

portable *foree-tos* φορητός

porter *o akh-thoforos* ο αχθοφόρος

porthole *to feelee-streenee* το φιλιστρίνι

portrait *to portreto* το πορτραίτο

possible *dheena-tos* δυνατός

post *(letter) takhee-dhromo* ταχυδρομώ ǁ **postbox** *to takhee-dhromeeko kootee* το ταχυδρομικό κουτί ǁ **postcard** *ee kart-postal* η καρτ ποστάλ ǁ **postman** *o takhee-dhromos* ο ταχυδρόμος ǁ **post office** *to takhee-dhromee-o* το ταχυδρομείο

poster *ee afeesa* η αφίσα

pot *ee katsa-rola* η κατσαρόλα

potato *ee patata* η πατάτα

pottery *ee kera-meekee* η κεραμική

potty *(child's)* *to ka-theekee* το καθήκι

poultry *ta poole-reeka* τα πουλερικά

pound *(weight)* *ee leevra* η λίβρα || *(money)* *ee leera* η λίρα

pour *kheeno* χύνω

powder *ee skonee* η σκόνη || **powdered milk** *to ghala skonee* το γάλα σκόνη

power *(strength)* *ee dheena-mee* η δύναμη || **power cut** *ee dhee-akopee too rev-matos* η διακοπή του ρεύματος || **power point** *ee preeza* η πρίζα

pram *to karot-sakee* το καροτσάκι

prawn *ee gha-reedha* η γαρίδα

prayer *ee prosef-khee* η προσευχή

prefer *pro-teemo* προτιμώ

pregnant *engee-os* έγγυος

prepare *etee-mazo* ετοιμάζω

prescription *ee seenda-yee* η συνταγή

present *to dhoro* το δώρο

pretty *ore-os* ωραίος

price *ee teemee* η τιμή || **price list** *o teemo-kata-loghos* ο τιμοκατάλογος

priest *o papas* ο παπάς

primary *protos* πρώτος

print *(picture)* *to andee-teepo* το αντίτυπο || *(photo)* *ee foto-ghrafee-a* η φωτογραφία

prison *ee feela-kee* η φυλακή

private *eedhee-oteekos* ιδιωτικός

prize *to vravee-o* το βραβείο

probably *peetha-nos* πιθανώς

problem *to prov-leema* το πρόβλημα

profit *to kerdhos* το κέρδος

programme *to pro-ghrama* το πρόγραμμα

promise *eepos-kho-me* υπόσχομαι

pronounce *pro-fero* προφέρω

properly *sosta* σωστά

Protestant *dhee-amartee-romenos* Διαμαρτυρόμενος

prune *to dhama-skeeno* το δαμάσκηνο

public *dheemosee-os* δημόσιος || **public holiday** *ee yortee* η γιορτή

pudding *ee poo-teenga* η
πουτίγκα
pull *travo* τραβώ
pullover *to poolover* το
πουλόβερ
pump *ee andlee-a* η αντλία
|| **to pump up** *(tyre etc)*
foo-skono φουσκώνω
puncture *to tree-peema* το
τρύπημα
pupil *(learner) o matheete-*
vomenos ο μαθητευόμενος
|| *(of eye) ee koree* η
κόρη
pure *aghnos* αγνός
purple *porfee-ros*
πορφυρός
purse *to tsan-dakee* το
τσαντάκι
purser *o lo-yeestees* ο
λογιστής
push *sprokh-no* σπρώχνω
|| **push chair** *to karot-*
sakee το καροτσάκι
put *vazo* βάζω || **to put**
down *vazo kato* βάζω
κάτω
puzzle *to eneegh-ma*
το αίνιγμα || *(jigsaw)*
to pegh-needhee seenar-
molo-yeess-os το
παιγνίδι
συναρμολογήσεως
pyjamas *ee pee-za-mes* οι
πιζάμες

Q

quarantine *ee karan-deena*
η καραντίνα
quarter *ee tetar-to* το
τέταρτο || **a quarter of**
an hour *ena tetar-to* ένα
τέταρτο || **quarter to 2**
dhee-o para tetar-to δύο
παρά τέταρτο || **quarter**
past 2 *dhee-o ke tetar-to*
δύο και τέταρτο
quay *ee prokee-me-a* η
προκυμαία
question *ee ero-teesee* η
ερώτηση
queue *ee oora* η ουρά
quickly *ghree-ghora*
γρήγορα
quiet *eesee-khos* ήσυχος
quilt *(duvet) to paplo-ma* το
πάπλωμα
quite *(rather) malon* μάλλον
|| *(completely) apo-leetos*
απολύτως

R

rabbi *o raveenos* ο
ραββίνος
rabbit *to koo-nelee* το
κουνέλι
rabies *ee leesa* η λύσσα
races *(horse racing) ee*

eepo-dhromee-es οι ιπποδρομίες

rack *(for luggage) o khoros ya apo-skeves* ο χώρος για αποσκευές || *(for bottles) ee kava* η κάβα

racket *ee raketa* η ρακέτα

radiator *to kalo-reefer* το καλοριφέρ

radio *to radhee-ofono* το ραδιόφωνο

radish *to rapa-nakee* το ραπανάκι

railway *ee seedhee-rodhromos* ο σιδηρόδρομος || **railway station** *o seedheero-dhromeekos stath-mos* ο σιδηροδρομικός σταθμός

rain *ee vrokhee* η βροχή || **raincoat** *to adhee-avrokho* το αδιάβροχο

raining: it's raining *vrekhee* βρέχει

raisin *ee sta-feedha* η σταφίδα

rally *to seela-leeteeree-o* το συλλαλητήριο

ramp *(in garage) o aneepso-teeras* ο ανυψωτήρας

rare *spanee-os* σπάνιος || *(steak) meesop-seemenos* μισοψημένος

rash *(on skin) to eksan-theema* το εξάνθημα

raspberries *ta vato-moora* τα βατόμουρα

rat *o aroore-os* ο αρουραίος

rate *o reeth-mos* ο ρυθμός || **rate of exchange** *ee teemee too seenalagh-matos* η τιμή του συναλλάγματος

rather *malon* μάλλον

raw *omos* ωμός

razor *to ksee-rafee* το ξυράφι || **razor blades** *ee le-peedhes* οι λεπίδες

reach *ftano* φτάνω

read *dhee-avazo* διαβάζω

ready *etee-mos* έτοιμος

real *praghma-teekos* πραγματικός

really *aleethee-a* αλήθεια

reason *o loghos* ο λόγος

receipt *ee apo-dheeksee* απόδειξη

receiver *to akoo-steeko* το ακουστικό

reception *ee resepsee-on* ρεσεψιόν

receptionist *ee eepa-leelos* η υπάλληλος

recipe *ee seenda-yee* η συνταγή

reclining seat *to anaklee-nomeno kathees-ma* το ανακλινόμενο κάθισμα

recognize *anagh-noreezo* αναγνωρίζω

recommend *seenee-sto*
συνιστώ

record *(music etc)* o
dheeskos ο δίσκος

recover *(from illness) anak-
to teen eeyee-a moo*
ανακτώ την υγεία μου

red *kokee-nos* κόκκινος

redcurrant *to vato-mooro*
το βατόμουρο

reduction *ee ek-ptosee* η
έκπτωση

refill *to anda-lakteeko* το
ανταλλακτικό

refund *ee epee-strofee
khree-maton* η επιστροφή
χρημάτων

regional *topee-kos* τοπικός

registered *engra-menos*
εγγραμένος

regulations *ee kano-
neesmee* οι κανονισμοί

reimburse *apo-zeemee-ono*
αποζημιώνω

relax *ksekoo-razo-me*
ξεκουράζομαι || **relaxing**
ksekoo-rasteekos
ξεκουραστικός

reliable *(person) aksee-
opeestos* αξιόπιστος
|| *(car, method) dhokee-
masmenos* δοκιμασμένος

religion *ee threeskee-a* η
θρησκεία

remain *apo-meno* απομένω

remove *vghazo* βγάζω

rent[1] *vb eneekee-azo*
ενοικιάζω

rent[2] *n to neekee* το νοίκι

rental *to neekee* το νοίκι

repair *epeedhee-orthono*
επιδιορθώνω

repeat *epana-lamvano*
επαναλαμβάνω

reply *apan-do* απαντώ ||
reply coupon *to apandee-
teeko kooponee* το
απαντητικό κουπόνι

rescue *dhee-asozo*
διασώζω

reservation *to kleeseemo*
το κλείσιμο

reserve *pro-krato*
προκρατώ || **reserved**
kratee-meno κρατημένο

rest[1] *n ee ksekoo-rasee* η
ξεκούραση || **the rest** *ee
eepo-leepee* οι υπόλοιποι

rest[2] *vb ksekoo-razo-me*
ξεκουράζομαι

restaurant *to estee-atoree-
o* το εστιατόριο ||
restaurant car *to vagon-
restoran* το βαγκόν-
ρεστωράν

retail price *ee lee-aneekee
teemee* η λιανική τιμή

retired *seendaksee-ookhos*
συνταξιούχος

return[1] *n ee epee-strofee* η
επιστροφή

return[2] *vb (go back,*

give back) epee-**strefo**
επιστρέφω || **return ticket**
to eesee-**teeree**-o me
epee-stro**fee** το εισητήριο
με επιστροφή

reverse: reverse (gear) ee
opees-then η όπισθεν ||
reverse charge call teele-
foneema pleero**te**-o
apo ton para-**leeptee**
τηλεφώνημα πληρωτέο
από τον παραλήπτη ||
reversing lights ta fota
opeestho-**poree**-as τα
φώτα οπισθοπορίας

rheumatism ee rhevma-
tees**mee** οι ρευματισμοί

rib to **plevro** το πλευρό

ribbon ee kor-**dhe**la η
κορδέλα

rice to **reezee** το ρύζι

rich ploo**see**-os πλούσιος

ride (on horse) kano
eepa**see**-a κάνω ιππασία
|| **to go for a ride (in
car)** pee-**yeno** peree-**pato**
me to afto-**keeneeto**
πηγαίνω περίπατο με το
αυτοκίνητο

right (correct, accurate)
sos**tos** σωστός || **(on/
to the) right** dheksee-**a**
δεξιά

ring to dhakhtee-**leedhe**
το δαχτυλίδι

rink ee **peesta** η πίστα

ripe o**ree**-mos ώριμος

river to po-**tamee** το ποτάμι

road o **dhromos** ο δρόμος
|| **road map** o odhee-
kos khartees ο οδικός
χάρτης || **road sign** to
seema tees trokhe-**as** το
σήμα της τροχαίας ||
road works ta ergha τα
έργα

roast pse**tos** ψητός

rob: I've been robbed
me**klep**-san μ' έκλεψαν

roll (of bread) to pso-**makee**
το ψωμάκι

roof ee ste-**yee** η στέγη
|| **roof-rack** ee skara η
σκάρα

room (in house etc) to
dho**matee**-o το δωμάτιο
|| **(space)** o khoros ο
χώρος || **room service** ee
eepee-ree**see**-a dho**matee**-
oo η υπηρεσία
δωματίου

rope to sk**heenee** το σχοινί

rotten sapee-os σάπιος

rough (surface) ano-
malos ανώμαλος || **(sea)**
treekee-mees**menee**
τρικυμισμένη

round (shape) stron-**geelos**
στρογγυλός || **round the
house/Greece** yeero
sto spee**tee**/steen ela-
dha γύρω στο σπίτι/

στην Ελλάδα || **round the corner** stee ghonee-a στη γωνία

roundabout (for traffic) ee keeklee-**kee** keeklo-foree-a η κυκλική κυκλοφορία || (at fair) ta peree-strefo-mena alo-ghakee-a τα περιστρεφόμενα αλογάκια

route o dhromos ο δρόμος

row (line) ee ghramee η γραμμή || **rowing boat** ee varka η βάρκα

rub treevo τρίβω

rubber to lastee-kho το λάστιχο || **rubber band** to lastee-**khakee** το λαστιχάκι

rubbish ta skoopeedhee-a τα σκουπίδια

ruby to roo-**beenee** το ρουμπίνι

rucksack o sakos ο σάκκος

rudder to tee-**monee** το τιμόνι

rude (person, words) a-yenees αγενής

rug to khalee το χαλί

ruin kata-strefo καταστρέφω || **ruins** ta ereepee-a τα ερείπια

rum to roomee το ρούμι

run[1] vb (on foot) trekho τρέχω || (manage: business

etc) dhee-akhee-**reez**o-me διαχειρίζομαι

run[2] n (skiing) ee dhee-adhromee too skee μ διαδρομή του σκι

run out of: I've run out of petrol moo telee-o-se ee ven-**zee**nee μου τέλειωσε η βενζίνη

rush hour ee ora seeno-steesmoo η ώρα συνοστισμού

rye bread to psomee apo seeka-lee το ψωμί από σίκαλη

S

saccharin ee sakha-**reen**ee η σαχαρίνη

sad leepee-**men**os λυπημένος

saddle ee sela η σέλλα

safe[1] adj (medicine) avla-vees αβλαβής || (beach) akeen-dheenos ακίνδυνος

safe[2] n to khreemato-keevotee-o το χρηματοκιβώτιο

safety pin ee para-**man**a η παραμάνα

sage to fasko-meelo το φασκόμηλο

sail to panee το πανί || **sailboard** to se-eelbord

σέιλμπορτ ‖ **sailing**
ee eestee-oplee-a
η ιστιοπλοΐα ‖ **sailing
boat** *ee varka me panee*
η βάρκα με πανί

sailor *o naftee-kos* ο
ναυτικός

salad *ee salata* η σαλάτα ‖
salad dressing *to ladho-
lemono* το λαδολέμονο

sale *(in general) ee polee-
see* η πώληση ‖ *(of
bargains)* to *ksepoo-leema*
το ξεπούλημα

salmon *o solo-mos* ο
σολομός

salt *to alatee* το αλάτι ‖
salty *almee-ros* αλμυρός

same *eedhee-os* ίδιος

sample *to dheegh-ma* το
δείγμα

sand *ee amos* η άμμος

sandals *ta pedhee-la* τα
πέδιλα

sandwich *to sandoo-eets* το
σάντουϊτς

sandy *amoo-dheros*
αμμουδερός

sanitary towel *ee servee-
eta* η σερβιέτα

sapphire *o sap-feeros* ο
σάπφειρος

sardine *ee sardhela* η
σαρδέλα

Saturday *to savato* το
Σάββατο

sauce *ee saltsa* η σάλτσα

saucer *to pee-atakee* το
πιατάκι

sauna *to sa-oona* το σάουνα

sausage *to looka-neeko* το
λουκάνικο

sautéed *so-te* σοτέ

save *(rescue) sozo* σώζω
‖ *(money) eeko-nomo*
οικονομώ ‖ *(time) ker-
dheezo* κερδίζω

savoury *peekan-deekos*
πικάντικος

say *leo* λέω

scallop *to khtenee* το χτένι

scarf *(long) to kaskol* το
κασκόλ ‖ *(square) to salee*
το σάλι

scheduled flight *ee pteesee
dhromo-loyee-oo* η πτήση
δρομολογίου

school *to skholee-o* το
σχολείο ‖ *(for 12-15 year-
olds) to yeemnasee-o* το
Γυμνάσιο ‖ *(for 15-18
year-olds) to leekee-o* το
Λύκειο

science *ee epee-steemee*
η επιστήμη

scientist *o epee-steemonas*
ο επιστήμονας

scissors *to psa-leedhee* το
ψαλίδι

Scotland *ee skotee-
a* η Σκωτία ‖ **Scottish**
skot-sezos/a

Σκωτσέζος/α
scrambled eggs *(ta)* avgha khteepee-ta sto tee-**ghanee** (τα) αυγά χτυπητά στο τηγάνι
scrape *kseeno* ξύνω
scratch *(paint)* gh-**dherno** γδέρνω
scream *to ksefo-neeto* το ξεφωνητό
screen *ee othonee* η οθόνη
screw *ee veedha* η βίδα
screwdriver *to katsa-**veedhee* το κατσαβίδι
sculpture *to ghleep-**to* το γλυπτό
sea *ee tha-lasa* η θάλασσα || **seafood** *ta thala-seena* τα θαλασσινά || **sea front** *ee paralee-a* η παραλία || **seaside** *ee tha-lasa* η θάλασσα
season *ee epo-khee* η εποχή || **season ticket** *to dhee-**arkes eesee-teeree-o* το διαρκές εισητήριο
seat *(in theatre)* ee thesee η θέση || *(in car etc)* to **kathees-ma** το κάθισμα || **seat belt** *ee zonee asfalee-as* η ζώνη ασφαλείας || **seat reservation** *to kleesee-mo theses* το κλείσιμο θέσης
seaweed *ta feekee-a* τα φύκια

second[1] *adj dhef-teros* δεύτερος || **second class seat** *ee dhef-teree thesee* η δεύτερη θέση || **second-hand** *metakhee-reesmenos* μεταχειρισμένος
second[2] *n (time) to dhefte-rolepto* το δευτερόλεπτο
secretary *o/ee ghramate-as* ο/η γραμματέας
sedative *to katapra-eendeeko* το καταπραϋντικό
see *vlepo* βλέπω
seem *feno-me* φαίνομαι
self-catering *me dhee-atrofee dheekees sas ef-theenees* με διατροφή δικής σας ευθύνης
self-service *afto-psonee-ze-te* αυτοφωνίζετε
sell *poolo* πουλώ
sellotape *to selote-eep* το σελοτέιπ
send *stelno* στέλνω
sensible *lo-yeekos* λογικός
sentence *ee pro-tasee* η πρόταση
separate *khoree-stos* χωριστός
September *o septemvree-os* ο Σεπτέμβριος
serious *sova-ros* σοβαρός
serve *ser-veero* σερβίρω
service *ee eepee-resee-*

a η υπηρεσία || **service charge** *to poso-sto eepee-resee-as* το ποσοστό υπηρεσίας

set *(of objects)* to set το σετ

settle *(bill) plee-rono to logharee-asmo* πληρώνω το λογαριασμό

seven *epta* επτά

seventeen *dheka-epta* δεκαεπτά

seventh *ev-dhomos* έβδομος

seventy *evdho-meenda* εβδομήντα

several *dhee-aforee* διάφοροι

sew *ravo* ράβω

shade *ee skee-a* η σκιά

shadow *ee skee-a* η σκιά

shake *koono* κουνώ || **to shake hands** *kano kheerapsee-a* κάνω χειραψία

shallow *reekhos* ρηχός

shampoo *to samboo-an* το σαμπουάν

shape *to skheema* το σχήμα

share *mee-razo* μοιράζω

sharp *(knife) kofte-ros* κοφτερός || *(pain) oksees* οξύς

shave *kseeree-zo-me* ξυρίζομαι || **shaving cream** *ee krema kseerees-matos* η κρέμα

ξυρίσματος || **shaving point** *ee preeza ya teen eelek-treekee kseeree-steekee mee-khanee* η πρίζα για την ηλεκτρική ξυριστική μηχανή

she *aftee* αυτή

sheet *to sen-donee* το σεντόνι

shelf *to rafee* το ράφι

shell *(seashell) to ostra-ko* το όστρακο || *(of egg, nut) to tsoflee* το τσόφλι || **shellfish** *ta thala-seena* τα θαλασσινά

shelter *to kata-feeyee-o* το καταφύγιο

shiny *yalee-steros* γυαλιστερός

ship *to plee-o* το πλοίο

shirt *to pooka-meeso* το πουκάμισο

shock absorber *to amor-teeser* το αμορτισέρ

shoe *to pa-pootsee* το παπούτσι

shop *to magha-zee* το μαγαζί

shopping *ta psonee-a* τα ψώνια || **to go shopping** *pso-neezo* ψωνίζω || **shopping bag** *ee tsanda* η τσάντα

shore *ee aktee* η ακτή

short *kondos* κοντός || **short-cut** *o seendo-*

*mo*teros dhromos ο συντομότερος δρόμος ||
shorts ta sorts τα σορτς
should: I should go prepee na **pa**-o πρέπει να πάω || **you should go** prepee na pas πρέπει να πας || **he should go** prepee na **pa**-ee πρέπει να πάει
shoulder o omos ο ώμος
shout[1] vb fonazo φωνάζω
shout[2] n ee fonee η φωνή
shovel to ftee-**aree** το φτυάρι
show[1] n (in theatre etc) ee para-**stasee** η παράσταση
show[2] vb **dheekh**-no δείχνω
shower (in bath) to doos το ντους || (rain) ee bora η μπόρα
shrimp ee gha-**reedha** η γαρίδα
shrink beno μπαίνω
shut[1] vb kleeno κλείνω
shut[2] adj kleestos κλειστός
shutter to pand-**zooree** το παντζούρι
sick (ill) aro-stos άρρωστος || **to be sick** kano eme-**to** κάνω εμετό
side ee plevra η πλευρά || **sidelights** ta plev-**reeka** fota τα πλευρικά φώτα
side street to dhro-**makee** το δρομάκι

sieve to ko-skeeno το κόσκινο
sightseeing: to go sightseeing epee-**skepto**-me ta aksee-othe-ata επισκέπτομαι τα αξιοθέατα
sign to seema το σήμα
signal to seema το σήμα
signature ee eepo-ghra**fee** η υπογραφή
silencer o seegha-**steeras** ο σιγαστήρας
silent see-opeelos σιωπηλός
silk to me-**taksee** το μετάξι
silver asee-menee-os ασημένιος
similar paromee-os παρόμοιος
simple aplos απλός
since apo to-te από τότε || (because) mee-a ke μια και
sincerely: Yours sincerely me teemee Με τιμή
sing traghoo-**dho** τραγουδώ
single (not married) elef-theros ελεύθερος || (not double) monos μονός ||
single room to mono-kleeno dhomatee-o το μονόκλινο δωμάτιο
sink[1] n o nero-**kheetees** ο νεροχύτης

sink[2] vb voolee-azo
βουλιάζω

sir keeree-e κύριε || Dear
Sir agha-peete keeree-e
Αγαπητέ Κύριε

sister ee adhel-fee η
αδελφή

sit (down) katho-me
κάθομαι

site ee topo-thesee-a η
τοποθεσία || (camping) o
khoros ο χώρος

six eksee έξη

sixteen dheka-eksee
δεκαέξη

sixth ektos έκτος

sixty ek-seenda εξήντα

size (of clothes, shoes) to me-
yethos το μέγεθος

skate[1] vb patee-naro
πατινάρω

skate[2] n to pa-teenee το
πατίνι || skating rink ee
peesta too patee-naz η
πίστα του πατινάζ

skewer to soov-lakee το
σουβλάκι

ski[1] n to skee το σκι ||
ski boot to pa-pootsee
too skee το παπούτσι
του σκι || ski pants to
pande-lonee too skee το
παντελόνι του σκι || ski
pole to rav-thee too skee
το ραβδί του σκι || ski
run ee dhee-adhromee

too skee η διαδρομή του
σκι || ski suit ta rookha
too skee τα ρούχα του
σκι

ski[2] vb kano skee κάνω σκι

skid ghleestro γλιστρώ

skimmed milk to apo-
vootee-romeno ghala το
αποβουτυρωμένο γάλα

skin to dherma το δέρμα

skirt ee foosta η φούστα

sky o oora-nos ο ουρανός

slack khala-ros χαλαρός

sledge to elkee-thro το
έλκηθρο

sleep keemoo-me
κοιμούμαι || sleeper
to vagon-lee το
βαγκόν-λι || sleeping
bag sleepeeng-bag
σλίπινγκ-μπαγκ ||
sleeping pill to
eepno-teeko khapee το
υπνωτικό χάπι

sleeve to ma-neekee το
μανίκι

slide[1] vb ghleestro γλιστρώ

slide[2] n (photo) to sla-eed το
σλάιντ || (in playground)
ee tsoo-leethra η
τσουλήθρα

sling (for arm) ee koonee-
a η κούνια

slip ghleestro γλιστρώ

slipper ee pan-dofla η
παντόφλα

slippery *ghlee-ste**ros*** γλιστερός

slope *ee pla-**ya*** η πλαγιά

slow *seegha* σιγά

small *meekros* μικρός || **smaller** *meekro-teros* μικρότερος

smell[1] *vb* *mee-**reezo*** μυρίζω

smell[2] *n* *ee meerodhee-**a*** μυρωδιά

smile *khamo-**yelo*** χαμογελώ

smoke[1] *n* *o kap**nos*** ο καπνός

smoke[2] *vb* *kap-**neezo*** καπνίζω || **smoked** *kap-**neestos*** καπνιστός

smuggle *perno lathre-**a*** παίρνω λαθρέα

snack bar *to snak-**bar*** το σνακ-μπαρ

snail *to saleen-**garee*** το σαλιγκάρι

snake *to feedhee* το φίδι

sneeze *fternee-**zome*** φτερνίζομαι

snorkel *o anap-nevstee-kos so-**lee**nas* ο αναπνευστικός σωλήνας

snow *to khee-**onee*** το χιόνι

snowed up *kata-kleesmenos apo to khee-onee* κατακλυσένος από το χιόνι

snowing: it's snowing *khee-**onee**zee* χιονίζει

snowplough *o ek-khee-onee-**stee**ras* ο εκχιονιστήρας

so *yafto* γι' αυτό || **so much** *toso polee* τόσο πολύ || **so pretty** *toso o-re-os* τόσο ωραίος

soap *to sa-**poo**nee* το σαπούνι || **soapflakes** *to tree-meno sa-**poo**nee* το τριμμένο σαπούνι || **soap powder** *ee sapoo-**nos**konee* η σαπουνόσκονη

sock *ee kaltsa* η κάλτσα

socket *ee preeza* η πρίζα

soda (water) *ee sodha* η σόδα

soft *mala-kos* μαλακός || **soft-boiled egg** *to av-**gho** me-lato* το αυγό μελάτο || **soft drink** *to anapseek-teeko* το αναψυκτικό

sole *(of foot)* *to pelma* το πέλμα || *(of shoe)* *ee sola* η σόλα || *(fish)* *ee glosa* η γλώσσα

solid *ste-re-os* στερεός

soluble *dhee-aleetos* διαλυτός

some *meree-kee* μερικοί

someone *kapee-os* κάποιος

something *katee* κάτι

sometimes *kapo-te* κάποτε

somewhere *kapoo* κάπου

son *o yos* ο γιος

song *to tra-**ghoo**dhee* το τραγούδι

soon *seen-doma* σύντομα || **as soon as possible** *to seendo-**mo**-tero* το συντομότερο || **sooner** *no**ree**-tera* νωρίτερα

sore: it's sore *pona-ee* πονάει

sorry: I'm sorry *(apology) seegh-**no**mee* συγγνώμη || *(regret) leepoo-me* λυπούμαι

sort *to eedhos* το είδος

soufflé *soo-**fle*** σουφλέ

sound *o eekhos* ο ήχος

soup *ee soopa* η σούπα

sour *kseenos* ξινός

south *o notos* ο νότος

souvenir *to sooveneer* το σουβενίρ

space *to dhee-asteema* το διάστημα || *(room) o khoros* ο χώρος

spade *to ftee-**aree*** το φτυάρι

spanner *to klee**dhee*** το κλειδί

spare part *to andalak-**tee**ko* το ανταλλακτικό

spare wheel *ee re**zer**va* η ρεζέρβα

spark plug *to boozee* το μπουζί

speak *meelo* μιλώ

special *eedhee-**kos*** ειδικός

speciality *(in restaurant) spesee-alee-**te*** σπεσιαλιτέ

speed *ee ta**khee**-teeta* η ταχύτητα || **speed limit** *to oree-o ta**khee**-teetas* το όριο ταχύτητας

speedometer *to ta**khee**-metro* το ταχύμετρο

spell *ghrafo* γράφω || **how do you spell it?** *pos ghra-fe-te?* πώς γράφεται;

spend *kso-**dhe**vo* ξοδεύω

spice *to bakha-**ree**ko* το μπαχαρικό

spicy *aroma-tees**me**nos* αρωματισμένος

spill *kheeno* χύνω

spinach *to spa-**na**kee* το σπανάκι

spin-drier *o steghno-**tee**ras* ο στεγνωτήρας

spine *ee spondhee-**lee**kee steelee* η σπονδυλική στήλη

spirits *ta eenop-nevma-**to**dhee pota* τα οινοπνευματώδη ποτά

splint *o nar-theekas* ο νάρθηκας

splinter *ee skheeza* η σχίζα

split *skhees**tos*** σχιστός

spoil *khalo* χαλώ

sponge *to sfoon-ga**ree*** το σφουγγάρι || **sponge bag** *to tsan-**da**kee ya sfoon-*

garee το τσαντάκι για σφουγγάρι

spoon *to koo-talee* το κουτάλι

sport *to spor* το σπορ

sprain *to stramboo-leesma* το στραμπούλισμα

spring *(season) ee aneek-see* η άνοιξη || *(coiled metal etc) to ela-teeree-o* το ελατήριο

square *(shape) to tetra-ghono* το τετράγωνο || *(in town) ee platee-a* η πλατεία

squash[1] *n (sport) to skoo-os* σκουός || *orange* **squash** *ee porto-kaladha* η πορτοκαλάδα || *lemon* **squash** *ee lemo-nadha* η λεμονάδα

squash[2] *vb to streemokh-no* στριμώχνω

squeeze *sfeengo* σφίγγω

strain *o le-kes* ο λεκές

stainless steel *o anok-seedhotos khalee-vas* ο ανοξείδωτος χάλυβας

stairs *ee skala* η σκάλα

stall *o pangos* ο πάγκος || **stalls** *(in theatre) ee platee-a* η πλατεία

stamp *to ghrama-toseemo* το γραμματόσημο

stand (up) *steko-me* στέκομαι

standard *seenee-theesmenos* συνηθισμένος

star *to astro* το άστρο || *(of cinema etc) to asteree* το αστέρι

start[1] *vb ar-kheezo* αρχίζω

start[2] *n ee arkhee* η αρχή

starter *(in meal) to orek-teeko* το ορεκτικό || *(in car) ee meeza* η μίζα

station *o stath-mos* ο σταθμός

stationer's *to kharto-polee-o* το χαρτοπωλείο

statue *to a-ghalma* το άγαλμα

stay[1] *n ee dhee-amonee* η διαμονή

stay[2] *vb (as guest) meno* μένω

steak *to ste-eek* το στέϊκ

steel *o khalee-vas* ο χάλυβας

steep *anee-foreekos* ανηφορικός

steeple *to kamba-naree-o* το καμπαναριό

steering *to see-steema dhee-ef-theenseos* το σύστημα διεύθυνσης || **steering column** *ee steelee too teemonee-oo* η στήλη του τιμονιού || **steering wheel** *to tee-monee* το τιμόνι

step *to veema* το βήμα ||
(*stair*) *to skalo-patee* το
σκαλοπάτι

sterling *ee anglee-kee leera*
η αγγλική λίρα

stew (*to*) *kreas me khorta-reeka steen katsa-rola*
(το) κρέας με χορταπικά
στην κατσαρόλα

steward (*on ship*) *o kama-rotos* ο καμαρότος || (*on
plane*) *o aero-seenodhos*
ο αεροσυνοδός

stewardess *ee aero-seenodhos* η
αεροσυνοδός

stick[1] *n* (*walking stick*) *to
ba-stoonee* το μπαστούνι

stick[2] *vb kolo* κολλώ ||
sticking plaster *o lefko-plastees* ο λευκοπλάστης

sticky: it's sticky *kola-ee*
κολλάει

stiff *skleeros* σκληρός

still (*yet*) *akoma* ακόμα ||
(*immobile*) *akee-neetos*
ακίνητος

sting *to ken-dreesma* το
κέντρισμα

stir *ana-katono*
ανακατώνω

stitching *to rapsee-mo* το
ράψιμο

stockings *ee kalt-ses* οι
κάλτσες

stolen *kle-menos* κλεμένος

stomach *to sto-makhee* το
στομάχι || **stomach upset**
ee stoma-kheekee dhee-ata-rakhee η στομαχική
διαταραχή

stone *ee petra* η πέτρα

stop[1] *vb stama-to* σταματώ

stop[2] *n* (*for bus etc*) *ee stasee*
η στάση || **stop light** *to
ko-keeno fos* το κόκκινο
φως

stopover (*in air travel*) *o
stath-mos* ο σταθμός

storm *ee kate-yeedha* η
καταιγίδα

story *ee eestoree-a* η
ιστορία

straight *eesee-os* ίσιος ||
straight on *katef-thee-an*
κατ' ευθείαν

strange *parak-senos*
παράξενος

stranger *o ksenos* ο ξένος

strap *to looree* το λουρί
|| (*of dress*) *ee tee-randa*
η τιράντα

straw *to kala-makee* το
καλαμάκι

strawberry *ee fra-oola* η
φράουλα

stream *to ree-akee* το ρυάκι

street *o dhromos* ο δρόμος
|| **street plan** *o odhee-kos
khartees* ο οδικός χάρτης

stretcher *to foree-o* το
φορείο

strike *(industrial) ee aperyee-a* η απεργία ‖ **on strike** *aper-gho* απεργώ
string *o spangos* ο σπάγγος
striped *reegho-tos* ριγωτός
strong *dheena-tos* δυνατός
stuck *(jammed) kolee-menos* κολλημένος
student *o feetee-tees/ ee fee-teetree-a* ο φοιτητής/η φοιτήτρια
stuffing *ee yemee-see* η γέμιση
stun *za-leezo* ζαλίζω
stung: I've been stung *katee mekhee ken-dreesee* κάτι μ' έχει κεντρίσει
style *to steel* το στιλ
suburb *to pro-astee-o* το προάστειο
success *ee epee-teekhee-a* η επιτυχία
such *tetee-os* τέτοιος
suck *roofo* ρουφώ
suddenly *ksaf-neeka* ξαφνικά
suede *to kastoree* το καστόρι
sugar *ee zakharee* η ζάχαρη
suit *(man's) to koo-stoomee* το κοστούμι ‖ *(woman's) to tayer* το ταγιέρ
suitable *kata-leelos* κατάλληλος
suitcase *ee valeet-sa* η βαλίτσα

summer *to kalo-keree* το καλοκαίρι
sun *o eelee-os* ο ήλιος
sunbathe *kano eelee-othe-rapee-a* κάνω ηλιοθεραπεία
sunburn *(painful) to kap-seemo apo ton eelee-o* το κάψιμο από τον ήλιο
Sunday *ee keeree-akee* η Κυριακή
sunglasses *ta yalee-a too eelee-oo* τα γιαλιά του ήλιου
sunhat *to ka-pelo too eelee-oo* το καπέλλο του ήλιου
sunshade *ee ombrela* η ομπρέλα
sunstroke *ee eelee-asee* η ηλίαση
suntan *to mav-reesma apo ton eelee-o* το μαύρισμα από τον ήλιο ‖ **suntan cream** *ee krema ya ton eelee-o* η κρέμα για τον ήλιο ‖ **suntan oil** *to ladhee ya ton eelee-o* το λάδι για τον ήλιο
supermarket *to sooper-market* το σούπερ-μάρκετ
supper *to dheep-no* το δείπνο
supplement *to seemblee-roma* το συμπλήρωμα
sure *ve-ve-os* βέβαιος
surface *ee-epee-fanee-a* η

επιφάνεια
surfboard to **serf**-pord το σέρφπορντ
surfing to serfeeng το σέρφινγκ
surname to epo-neemo το επώνυμο
surprised ek-pleektos έκπληκτος
suspension ee anar-teesee η ανάρτηση
sweat o eedhro-tas ο ιδρώτας
sweater to poolover το πουλόβερ
sweep skoo-peezo σκουπίζω
sweet[1] adj (taste) ghleekos γλυκός
sweet[2] n to ghleeko το γλυκό
swerve pa-re-kleeno παρεκκλίνω
swim koleem-bo κολυμπώ || **swimming** to ko-**leem**bee το κολύμπι || **swimming pool** ee pee-**see**na η πισίνα || **swimsuit** to ma-**yo** το μαγιό
swing (in park) ee **koo**nee-a η κούνια
switch o dhee-akoptees ο διακόπτης || **to switch off** sveeno σβήνω || **to switch on** anavo ανάβω

swollen foosko-menos φουσκωμένος
sympton to **seemb**-toma το σύμπτωμα
synagogue ee seenagho-**yee** η συναγωγή

T

table to tra-**pe**zee το τραπέζι || **tablecloth** to trapezo-**man**deelo το τραπεζομάντηλο || **tablespoon** to koo-**ta**lee το κουτάλι || **table tennis** to peeng pong το πινγκ πονγκ || **table wine** to epee-trapezee-o krasee το επιτραπέζιο κρασί
tablet to khapee το χάπι
take perno παίρνω || **to take out** vhgazo βγάζω
talc to talk το ταλκ
talk[1] vb meelo μιλώ
talk[2] n ee omeelee-a η ομιλία || (lecture) ee dhee-**aleksee** η διάλεξη
tall pseelos ψηλός
tame ee-meros ήμερος
tampons ta tambon τα ταμπόν
tap ee vreesee η βρύση
tape ee tenee-a η ταινία || **tape-measure** ee me-**zoo**ra η μεζούρα || **tape-**

recorder *to maghnee-tofono* το μαγνητόφωνο

tart *(cake)* *ee tarta* η τάρτα

taste[1] *vb dhokee-mazo* δοκιμάζω

taste[2] *n ee yefsee* η γεύση

tax *o foros* ο φόρος

taxi *to taksee* το ταξί || **taxi rank** *ee pee-atsa* η πιάτσα

tea *to tsa-ee* το τσάι || **teabag** *to sakoo-lakee tsa-yoo* το σακκουλάκι τσαγιού || **teacloth** *ee pet-seta* η πετσέτα || **teapot** *ee tsa-yera* η τσαγιέρα || **teaspoon** *to koo-talakee* το κουταλάκι

teach *dhee-dhasko* διδάσκω

teacher *o dhaska-los* ο δάσκαλος

team *ee oma-dha* η ομάδα

tear *(rip) to skhee-seemo* το σχίσιμο

teat *ee rogha* η ρώγα

technical *tekh-neekos* τεχνικός

teddy bear *to arkoo-dhakee* το αρκουδάκι

teenager *o ne-os* ο νέος

teeth *ta dhondee-a* τα δόντια

telegram *to teele-ghrafeema* το

τηλεγράφημα

telephone *to teele-fono* το τηλέφωνο || **telephone box** *o teele-foneekos thala-mos* ο τηλεφωνικός θάλαμος || **telephone call** *to teele-foneema* το τηλεφώνημα || **telephone directory** *o teele-foneekos kata-loghos* ο τηλεφωνικός κατάλογος

television *ee teele-orasee* η τηλεόραση

tell *legho* λέγω || *(story) dhee-eeghoo-me* διηγούμε

temperature *ee thermo-krasee-a* η θερμοκρασία || **to have a temperature** *ekho pee-reto* έχω πυρετό

temporary *proso-reenos* προσωρινός

ten *dheka* δέκα

tender *(meat) tree-feros* τρυφερός

tennis *to tenees* το τέννις || **tennis ball** *ee bala too tenees* η μπάλα του τέννις || **tennis court** *to yee-pedho too tenees* το γήπεδο του τέννις || **tennis racket** *ee ra-keta too tenees* η ρακέτα του τέννις

tent *ee skeenee* η σκηνή || **tent peg** *o pasa-los tees* skeenees ο πάσσαλος της σκηνής || tent pole o ortho-statees tees skeenees ο ορθοστάτης της σκηνής

tenth dheka-tos δέκατος

terminus to terma το τέρμα

terrace ee taratsa η ταράτσα

terrible tro-meros τρομερός

than apo από

thank you ef-kharee-sto ευχαριστώ

that ekee-nos εκείνος || that book ekee-no to veevlee-o εκείνο το βιβλίο || that table ekee-no to tra-pezee εκείνο το τραπέζι || that one ekee-no εκείνο

thaw: it's thawing lee-onee λειώνει

the o/ee/to ο/η/το

theatre to the-atro το θέατρο

their (dheeko) toos (δικό) τους

them toos/tees/ta τους/τις/τα

then to-te τότε

there ekee εκεί || there is/are are ee-parkhee/ee-parkhoon υπάρχει/υπάρχουν

therefore epo-menos επομένως

thermometer to thermo-metro το θερμόμετρο

these aftee/af-tes/afta αυτοί/αυτές/αυτά || these books afta ta veevlee-a αυτά τα βιβλία

they aftee/af-tes/afta αυτοί/αυτές/αυτά

thick khondros χοντρός

thief o kleftees ο κλέφτης

thin leptos λεπτός

thing to praghma το πράγμα

think skefto-me σκέφτομαι

third[1] adj treetos τρίτος

third[2] n to treeto το τρίτο

thirsty: I'm thirsty dheepso διψώ

thirteen dhekatree-a δεκατρία

thirty tree-anda τριάντα

this aftos/aftee/afto αυτός/η/ο || this book afto to veevlee-o αυτό το βιβλίο || this table afto to tra-pezee αυτό το τραπέζι || this one afto αυτό

those ekee-nee/ekee-nes/ekee-na εκείνοι/εκείνες/εκείνα || those books ekee-na ta veevlee-a εκείνα τα βιβλία

thousand *kheelee-ee* χίλιοι

thread *ee klostee* η κλωστή

three *tree-a* τρία

thriller *(film)* to astee-nomeeko το αστυνομικό || *(novel)* to astee-nomeeko meethee-storeema το αστυνομικό μυθιστόρημα

throat o lemos ο λαιμός || **throat lozenges** *ee pasteelee-es too lemoo* οι παστίλιες του λαιμού

through *dhee-a mesoo* διά μέσου

throw *reekhno* ρίχνω

thumb o andee-kheeras ο αντίχειρας

thunder *ee vrondee* η βροντή

Thursday *ee pemb-tee* η Πέμπτη

thyme *to thee-maree* το θυμάρι

ticket *to eesee-teeree-o* το εισητήριο || **ticket collector** o eleng-tees ο ελεγκτής || **ticket office** ee thee-reedha η θυρίδα

tide *ee paleeree-a* η παλίρροια

tidy *taktopee-eemenos* τακτοποιημένος

tie[1] *n ee ghra-vata* η γραβάτα

tie[2] *vb dheno* δένω

tight *sfeekh-tos* σφιχτός

tights *to kalson* το καλσόν

till[1] *n to tamee-o* το ταμείο

till[2] *(until)* mekhree μέχρι

time *(by the clock)* ee ora η ώρα || *(duration)* o keros ο καιρός || **what time is it?** *tee ora ee-ne?* τι ώρα είναι;

timetable *to dhromo-loyee-o* το δρομολόγιο

tin *ee kon-serva* η κονσέρβα || **tinfoil** *to aseemo-kharto* το ασημόχαρτο || **tin-opener** *to aneekh-teeree ya kon-ser-ves* το ανοιχτήρι για κονσέρβες

tip *(to waiter etc)* to poorboo-ar το πουρμπουάρ

tipped *(cigarettes)* me feeltro με φίλτρο

tired *kooras-menos* κουρασμένος

tissue *to kharto-mandeelo* το χαρτομάντηλο

to se σε || **to Greece** *steen eladha* στην Ελλάδα || **I want to go** *thelo na pa-o* θέλω να πάω

toast *ee freeghanee-a* η φρυγανιά

toaster *ee freeghanee-era* η φρυγανιέρα

tobacco o kapnos ο καπνός

tobacconist's *to kapno-polee-o* το καπνοπωλείο

today *see-mera* σήμερα

toe *to dhakh-teelo too podhee-oo* το δάχτυλο του ποδιού

together *mazee* μαζί

toilet *ee too-aleta* η τουαλέτα || **toilet paper** *to khartee eeyee-as* το χαρτί υγείας || **toilet water** *ee kolonee-a* η κολώνια

toll *ta dhee-odhee-a* τα διόδια

tomato *ee domata* η ντομάτα || **tomato juice** *o kheemos domatas* ο χυμός ντομάτας

tomb *o tafos* ο τάφος

tomorrow *avree-o* αύριο

tongue *ee glosa* η γλώσσα

tonic water *to toneek* το τόνικ

tonight *apop-se* απόψε

tonsillitis *ee ameegh-dhalee-teedha* η αμυγδαλίτιδα

too (*also*) *epee-sees* επίσης || (*too much*) *polee* πολύ

tool *to erghalee-o* το εργαλείο

tooth *to dhondee* το δόντι || **toothache** *o pono-dhondos* ο πονόδοντος || **toothbrush** *to voort-*

sakee ya ta dhondee-a το βουρτσάκι για τα δόντια || **toothpaste** *ee odhon-dokrema* η οδοντόκρεμα

top *to pano meros* το πάνω μέρος || (*of mountain*) *ee koree-fee* η κορυφή

torch *o fakos* ο φακός

torn *skhees-menos* σχισμένος

total *to see-nolo* το σύνολο

touch *an-geezo* αγγίζω

tough (*meat*) *skleeros* σκληρός

tour *ee peree-odhee-a* η περιοδεία

tourist *o too-reestas / ee too-reestree-a* ο τουρίστας / η τουρίστρια || **tourist office** *to tooree-steeko ghrafee-o* το τουριστικό γραφείο || **tourist ticket** *to tooree-steeko eesee-teeree-o* το τουριστικό εισητήριο

tow *reemool-ko* ρυμουλκώ || **tow rope** *to skheenee reemool-keesees* το σχοινί ρυμούλκησης

towards *pros* προς

towel *ee pet-seta* η πετσέτα

tower *o peerghos* ο πύργος

town *ee polee* η πόλη || **town centre** *to kendro*

tees polees το κέντρο
της πόλης || **town plan**
o khartees tees polees ο
χάρτης της πόλης
toy *to pegh-needhee* το
παιγνίδι
track *(path) to mono-patee*
το μονοπάτι
traditional *para-dhosee-*
akos παραδοσιακός
traffic *ee keeklo-foree-a*
η κυκλοφορία || **traffic**
jam *to boteelee-areesma*
το μποτιλιάρισμα ||
traffic lights *ta fanaree-*
a τα φανάρια || **traffic**
warden *ee tro-khe-a* η
τροχαία
trailer *to reemool-*
koomeno okhee-ma το
ρυμουλκούμενο όχημα
train *to treno* το τραίνο
tram *to tram* το τραμ
tranquillizer *to katapra-*
eendeeko το
καταπραϋντικό
transfer *meta-fero*
μεταφέρω || **transfer**
charge call *to teele-*
foneema pleerote-o
apo ton para-leeptee το
τηλεφώνημα πληρωτέο
από τον παραλήπτη
transistor radio *to*
tranzeestor το
τρανζίστορ

translate *meta-frazo*
μεταφράζω
translation *ee meta-frasee*
η μετάφραση
transparent *dhee-afanees*
διαφανής
travel *taksee-dhevo*
ταξιδεύω || **travel agent**
o takseedhee-oteekos
prak-toras ο ταξιδιωτικός
πράκτορας
traveller's cheque
to travelers tsek το
τράβελερς-τσεκ
tray *o dkeeskos* ο δίσκος
treat[1] *n ee apolaf-see* η
απόλαυση
treat[2] *vb (behave towards)*
fero-me φέρομαι
treatment *(medical) ee*
yatree-kee agho-yee η
ιατρική αγωγή
tree *to dhendro* το δέντρο
trim *(hair) to kop-seemo* το
κόψιμο
trip *ee ek-dhromee* η
εκδρομή
tripod *to tree-podhee* το
τριπόδι
trolley bus *to tro-le-ee* το
τρόλλεϋ
trouble *o belas* ο μπελάς
trousers *to pande-lonee* το
παντελόνι
trout *ee pe-strofa* η
πέστροφα

true *alee-theenos* αληθινός

trunk *to ba-oolo* το μπαούλο || **trunk call** *to eepera-steeko teelefoneema* το υπεραστικό τηλεφώνημα

trunks *to ma-yo* το μαγιό

try *pros-patho* προσπαθώ || **to try on** *dhokee-mazo* δοκιμάζω

t-shirt *to tee-sert* το τι-σερτ

tube *o soleenas* ο σωλήνας || *(small) to solee-nareeo* το σωληνάριο || *(underground) o eepoyeeos seedhee-rodhromos* ο υπόγειος σιδηρόδρομος

Tuesday *ee treetee* η Τρίτη

tuna *o tonos* ο τόννος

tune *o skopos* ο σκοπός

tunnel *ee see-ranga* η σήραγγα

turkey *ee ghalo-poola* η γαλοπούλα

turn[1] *n ee seera* η σειρά

turn[2] *vb yee-reezo* γυρίζω || **to turn off** *(on journey) streevo* στρίβω || *(radio etc) kleeno* κλείνω || *(engine) sveeno* σβήνω || **to turn on** *(radio etc) aneegho* ανοίγω || *(engine) anavo* ανάβω

turning *ee strofee* η στροφή

turnip *ee reva* η ρέβα

TV *ee teele-orasee* η τηλεόραση || **TV lounge** *ee ethoo-sa teele-orasees* η αίθουσα τηλεόρασης

tweezers *to tseem-beedhee* το τσιμπίδι

twelve *dho-dheka* δώδεκα

twenty *ee-kosee* είκοσι

twice *dhee-o fo-res* δυο φορές

twin *o dhee-dheemos* ο δίδυμος || **twin-bedded room** *to dhee-kleeno dhomatee-o* το δίκλινο δωμάτιο

twist *streevo* στρίβω

two *dhee-o* δύο

type *dhakteelo-ghrafo* δακτυλογραφώ ||

typewriter *ee ghrafo-meekhanee* η γραφομηχανή

typical *kharak-teereesteekos* χαρακτηριστικός

typist *ee dhakteelo-ghrafos* η δακτυλογράφος

tyre *to lastee-kho* το λάστιχο || **tyre pressure** *ee pee-esee sta lasteekha* η πίεση στα λάστιχα

U

ugly *as-kheemos* άσχημος

ulcer *to elkos* το έλκος

umbrella *ee ombrela* η ομπρέλα

uncle *o thee-os* ο θείος

uncomfortable *okhee a-neto* όχι άνετο

unconscious *a-nes-theetos* αναίσθητος

under *kato apo* κάτω από

underdone *(steak) okhee polee psee-menos* όχι πολύ ψημένος

underground *o eepoyee-os seedhee-rodhromos* ο υπόγειος σιδηρόδρομος || **underground station** *o stath-mos too eepoyee-oo* ο σταθμός του υπόγειου

underpass *ee eepoyee-os dhee-avasee* η υπόγειος διάβαση

understand *kata-laveno* καταλαβαίνω

underwear *ta eso-rookha* τα εσώρουχα

unfortunately *dheestee-khos* δυστυχώς

uniform *ee stolee* η στολή

United States *ee eeno-me-nes poleetee-es* οι Ηνωμένες Πολιτείες

university *to panepee-steemee-o* το πανεπιστήμιο

unless *ektos an* εκτός αν

unlock *kseklee-dhono* ξεκλειδώνω

unpack *(case) adhee-azo* αδειάζω

unpleasant *dheesa-restos* δυσάρεστος

unscrew *ksevee-dhono* ξεβιδώνω

unusual *(strange) parak-senos* παράξενος

up *(out of bed) seeko-menos* σηκωμένος || **to go up** *a-ne-veno* ανεβαίνω

upside down *ana-podha* ανάποδα

upstairs *pano* πάνω

urgently *epee-ghondos* επειγόντως

urine *ta oora* τα ούρα

us *mas* μας

use[1] *n ee khreesee* η χρήση

use[2] *vb khreesee-mopee-o* χρησιμοποιώ

used: I used to *seenee-theeza* συνήθιζα || **I'm used to it** *to ekho seenee-theesee* το έχω συνηθίσει

useful *khreesee-mos* χρήσιμος

usual *seenee-theesmenos* συνηθισμένος

usually *see-neethos* συνήθως

U-turn *ee ana-strofee* η

αναστροφή

V

vacancy *to dhee-athe-seemo dhomatee-o* το διαθέσιμο δωμάτιο

vaccination *o emvolee-asmos* ο εμβολιασμός

vacuum cleaner *ee eelek-treekee skoopa* η ηλεκτρική σκούπα

vacuum flask *o thermos* ο θέρμος

valid *engee-ros* έγκυρος

valley *ee kee-ladha* η κοιλάδα

valuable *polee-teemos* πολύτιμος

value *ee aksee-a* η αξία

valve *ee val-veedha* η βαλβίδα

van *to fortee-ghakee* το φορτηγάκι

vase *to vazo* το βάζο

veal *to mos-kharee* το μοσχάρι

vegetables *ta lakha-neeka* τα λαχανικά

vegetarian *o khorto-faghos* ο χορτοφάγος

vehicle *to okhee-ma* το όχημα

veil *to velos* το βέλος

vein *ee fleva* η φλέβα

velvet *to ve-loodho* το βελούδο

venison *to kre-as elafee-oo* το κρέας ελαφιού

ventilator *o eksa-eree-steeras* ο εξαεριστήρας

vermouth *to vermoot* το βερμούτ

vertical *ka-thetos* κάθετος

very *polee* πολύ

vet *o kteenee-atros* ο κτηνίατρος

via *meso* μέσω

video *(machine) to vee*de-o* το βίντεο

view *ee the-a* η θέα

villa *(by sea) ee epav-lee* η έπαυλη

village *to khoree-o* το χωριό

vinegar *to kseedhee* το ξύδι

vineyard *o am-be-lonas* ο αμπελώνας

vintage wine *to krasee kalees khronee-as* το κρασί καλής χρονιάς

virus *ee ee-os* ο ιός

visa *ee the-o-reesee* η θεώρηση

visit *epee-skepto-me* επισκέπτομαι

visitor *o epee-skeptees* ο επισκέπτης

vitamin *ee veeta-meenee* η βιταμίνη

V-neck *to dekol-te* το ντεκολτέ

vodka *ee votka* η βότκα

voltage *ee tasee* η τάση

W

wage *o meesthos* ο μισθός

waist *ee mesee* η μέση

waistcoat *to yee-leko* το γιλέκο

wait (for) *peree-meno* περιμένω

waiter *to gar-sonee* το γκαρσόνι

waiting room *ee ethoo-sa ana-monees* η αίθουσα αναμονής

waitress *ee servee-tora* η σερβιτόρα

Wales *ee oo-alee-a* η Ουαλία

walk¹ *n o peree-patos* ο περίπατος

walk² *vb per-pato* περπατώ || **walking shoes** *ta papootsee-a pezo-poree-as* τα παπούτσια πεζοπορίας || **walking stick** *to ba-stoonee* το μπαστούνι

wall *o teekhos* ο τοίχος

wallet *to porto-folee* το πορτοφόλι

walnut *to ka-reedhee* το καρύδι

want *thelo* θέλω

warm¹ *adj zestos* ζεστός

warm² *vb zesteno* ζεσταίνω

warning triangle *to tree-ghono afto-keeneetoo* το τρίγωνο αυτοκινήτου

wash *(clothes etc) pleno* πλένω || *(oneself) pleno-me* πλένομαι || **to wash one's hands** *kheree-a moo* πλένω τα χέρια μου || **it's washable** *ple-ne-te* πλένεται ||

washbasin *ee le-kanee* η λεκάνη || **washing** *to pleesee-mo* το πλύσιμο || **washing machine** *to pleendeeree-o* το πλυντήριο || **washing-up liquid** *eeghro ya ta pee-ata* υγρό για τα πιάτα || **washroom** *ee too-a-leta* η τουαλέτα || **to wash up** *pleno ta pee-ata* πλένω τα πιάτα

wasp *ee sfeeka* η σφήκα

waste bin *to dhokhee-o ya ta akhree-sta* το δοχείο για τα άχρηστα

waste-paper basket *o kala-thos ton akhree-ston* ο κάλαθος των αχρήστων

watch¹ *n to rolo-ee* το ρολόι

watch² *vb (TV) vlepo* βλέπω || *(someone's luggage etc) pro-sekho* προσέχω

watchstrap *ee loo-reedha*

too rolo-**yoo** η λουρίδα
του ρολογιού

water *to* **nero** το νερό ||
waterfall *o* kata-**rak**tees
ο καταρράκτης || **water
heater** *o* thermo-**seefonas**
ο θερμοσίφωνας ||
watermelon *to* kar-**poozee**
το καρπούζι ||
waterproof adhee-
avrokhos αδιάβροχος ||
water-skiing *to* thalasee-
o skee το θαλάσσιο σκι
|| **watertight** eedhato-
steyees υδατοστεγής
wave (*on sea*) *to* keema το
κύμα
wax *to* keree το κερί
way (*method*) *o* tropos ο
τρόπος || **this**/**that**
way apedho/apekee απ'
εδώ/απ' εκεί || **which**
is the way to...? pee-os ee-
ne o dhromos ya...? ποιος
είναι ο δρόμος για...;
we emees εμείς
weak adhee-natos
αδύνατος
wear foro φορώ
weather *o* keros ο καιρός
wedding *o* ghamos ο γάμος
Wednesday ee te-**tartee** η
Τετάρτη
week ee ev-dhomadha η
εβδομάδα || **this week**
afteen tee vdho-

madha αυτήν τη
βδομάδα || **next**/**last**
week teen erkho-
menee/teen peras-
menee vdho-**madha**
την ερχόμενη/την
περασμένη βδομάδα ||
weekday ee kathee-
mereenee η καθημερινή
|| **weekend** *to* savato-
keeree-ako το
σαββατοκύριακο ||
weekly (*rate etc*)
ev-dhomadhee-**e**-os
εβδομαδιαίος ||
weigh zee-**yee**zo ζυγίζω
weight *to* varos το βάρος
welcome kalos eeltha-te
καλώς ήλθατε
well[1] *n* to pee-**ghadhee** το
πηγάδι
well[2] *adj* (*healthy*) eeyee-**ees**
υγιής
Welsh oo-alos/oo-alee
Ουαλός/η
went: I went peegha πήγα
west ee dheesee η δύση
western dheetee-**kos**
δυτικός
wet (*weather*) vro-kheros
βροχερός || **wetsuit** ee
stolee ya eepo-**vreekhee**-
o psa-rema η στολή για
υποβρύχιο ψάρεμα
what tee τι || **what is it?** tee
ee-ne? τι είναι; || **what

book? *pee-o veevlee-o?* ποιο βιβλίο;

wheel *o trokhos* ο τροχός || **wheel brace** *o stavros* ο σταυρός || **wheelchair** *ee ana-peereekee ka-rekla* η αναπηρική καρέκλα

when *otan* όταν

where? *poo? pou?* πού;

which *pee-os* ποιος || **which is it?** *pee-o ee-ne?* ποιο είναι;

while *eno* ενώ

whisky *to oo-eeskee* το ουίσκυ

whistle (*instrument*) *ee sfeereekh-tra* η σφυρίχτρα

white *aspros* άσπρος || (*coffee*) *me ghala* με γάλα

Whitsun *ee pendee-kostee* η Πεντηκοστή

who *pee-os* ποιος

whole *olos* όλος

wholemeal bread *mavro psomee* μαύρο ψωμί

wholesale price *ee khondree-kee teemee* η χονδρική τιμή

whooping cough *o ko-keetees* ο κοκκύτης

whose: whose is it? *pee-oo ee-ne?* ποιου είναι;

why *yatee* γιατί

wide *platees* πλατύς

widow *ee kheera* η χήρα

widower *o kheeros* ο χήρος

width *to platos* το πλάτος

wife *ee seezee-ghos* η σύζυγος

wild *aghree-os* άγριος

will: she will do it *tha to kanee* θα το κάνει || **I will do it** *tha to kano* θα το κάνω

win *ker-dheezo* κερδίζω

wind *o a-eras* ο αέρας

windmill *o a-ne-momeelos* ο ανεμόμυλος

window *to para-theero* το παράθυρο || **window seat** *to kathees-ma konda sto para-theero* το κάθισμα κοντά στο παράθυρο

windscreen *to par-breez* το παρμπρίζ || **windscreen washer** *to see-steema pleesees too par-breez* το σύστημα πλύσης του παρμπρίζ || **windscreen wiper** *o katha-reesteeras too par-breez* ο καθαριστήρας του παρμπρίζ

windsurfing *to ghoo-eend-serfeeng* το γουίντσερφινγκ

wine *to krasee* το κρασί || **wine list** *o kata-loghos ton krasee-on* ο κατάλογος των κρασιών

winner *o neekee-tees* ο

νικητής

winter *o khee-monas* ο χειμώνας ‖ **winter sports** *ta khee-me-reena spor* τα χειμερινά σπορ

wipe *skoo-peezo* σκουπίζω

wire *to seerma* το σύρμα

with *me* με

without *khorees* χωρίς

witness *o martee-ras* ο μάρτυρας

woman *ee yee-neka* η γυναίκα

wonderful *ee-pe-rokhos* υπέροχος

wood *to kseelo* το ξύλο

wool *to malee* το μαλλί

word *ee leksee* η λέξη

work *(person) dhoo-levo* δουλεύω ‖ *(machine) leetoor-gho* λειτουργώ

world *o kosmos* ο κόσμος

worried *anee-seekhos* ανήσυχος

worse *kheero-teros* χειρότερος

worst *o kheero-teros* ο χειρότερος

worth: 200 drachmas worth of petrol *dhee-ako-ses dhrakh-mes ven-zeenee* 200 δραχμές βενζίνη ‖ **it's worth 200 drachmas** *ak-seezee dhee-ako-ses dhrakh-mes* αξίζει 200 δραχμές

would: I would like *tha ee-thela* θα ήθελα

wrap (up) *tee-leegho* τυλίγω

wrapping paper *to khartee peree-teeleegh-matos* το χαρτί περιτυλίγματος

wrist *o karpos* ο καρπός

write *ghrafo* γράφω

writing paper *to khartee aleelo-ghrafee-as* το χαρτί αλληλογραφίας

wrong *lathos* λάθος ‖ **you're wrong** *ka-ne-te lathos* κάνετε λάθος

XYZ

X-ray *ee akteeno-ghrafee-a* η ακτινογραφία

yacht *to yot* το γιωτ

yawn *khasmooree-e-me* χασμουριέμαι

year *o khronos* ο χρόνος

yellow *keetree-nos* κίτρινος

yes *ne* ναι

yesterday *khthes* χθες

yet *akoma* ακόμα

yoghurt *to ya-oortee* το γιαούρτι

you *e-sees* εσείς

young *ne-os* νέος

your: your son *o yos sas* ο γιος σας ‖ **your sons**

ee yee sas οι γιοί
σας
yours: it's yours *ee-ne*
dheeko sas είναι δικό σας
‖ **yours is** *to dheeko sas*
ee-ne το δικό σας είναι ‖
yours are *ta dheeka sas*
ee-ne τα δικά σας είναι

youth *ta nee-ata* τα νιάτα
‖ **youth hostel** *o kse-*
nonas ο ξενώνας
zero *mee-dhen* μηδέν
zip *to fermoo-ar* το
φερμουάρ
zoo *o zo-olo-yeekos keepos*
ο ζωολογικός κήπος